"南粤品质工程"理念与实践系列丛书

创新篇

广东省南粤交通投资建设有限公司 主编

人民交通出版社股份有限公司
China Communications Press Co.,Ltd.

内 容 提 要

本册为《"南粤品质工程"理念与实践系列丛书》的创新篇,主要介绍广东省南粤交通投资建设有限公司在创新体系、科技创新和微创新应用等方面的先进经验和方法。

本书可供工程技术人员和管理人员参考。

图书在版编目(CIP)数据

"南粤品质工程"理念与实践系列丛书. 创新篇 / 广东省南粤交通投资建设有限公司主编. — 北京:人民交通出版社股份有限公司,2019.11
 ISBN 978-7-114-16045-5

Ⅰ.①南… Ⅱ.①广… Ⅲ.①交通工程—创新工程—广东 Ⅳ.①U41

中国版本图书馆 CIP 数据核字(2019)第 263498 号

Nanyue Pinzhi Gongcheng Linian yu Shijian Xilie Congshu　Chuangxin Pian

书　　名:	"南粤品质工程"理念与实践系列丛书　创新篇
著 作 者:	广东省南粤交通投资建设有限公司
责任编辑:	韩亚楠　郭红蕊
责任校对:	孙国靖　魏佳宁
责任印制:	张　凯
出版发行:	人民交通出版社股份有限公司
地　　址:	(100011)北京市朝阳区安定门外外馆斜街 3 号
网　　址:	http://www.ccpress.com.cn
销售电话:	(010)59757973
总 经 销:	人民交通出版社股份有限公司发行部
经　　销:	各地新华书店
印　　刷:	北京市宇星舟科技印刷有限责任公司
开　　本:	787×1092　1/16
印　　张:	7.5
字　　数:	130 千
版　　次:	2019 年 11 月　第 1 版
印　　次:	2020 年 4 月　第 3 次印刷
书　　号:	ISBN 978-7-114-16045-5
定　　价:	80.00 元

(有印刷、装订质量问题的图书由本公司负责调换)

丛书顾问委员会

主 任 委 员： 周　伟
副主任委员： 翁优灵　贾绍明　黄成造　刘晓华　曹晓峰　童德功
　　　　　　　张劲泉　李爱民　王红伟
委　　　员： 陈明星　刘永忠　兰恒水　李卫民　鲁昌河　张家慧

丛书编审委员会

主 任 委 员： 刘晓华
副主任委员： 曹晓峰　童德功　兰恒水　李卫民　鲁昌河　张家慧
　　　　　　　职雨风　尹良龙　夏振军　张　栋　邱　钰　朱　方
　　　　　　　潘奇志　陈子建　乔　翔　姚喜明　程寿山
委　　　员： 陈　红　陈　记　孙家伟　余长春　王文州　刘世宁
　　　　　　　胡　健　黄锡辉　何际辉　刘　烜　李史华　杨少明
　　　　　　　林　楠　何晓圆　王啟铜　邱新林　叶　勇　张国炳
　　　　　　　黄少雄　苏堪祥　张　利　李　斌　肖　鹰　张连成
　　　　　　　唐汉坤　薛长武　章恒江　彭学军　李　凯　吴育谦
　　　　　　　吴俊强　甄东晓　金明宽　曹春祥　和海芳

本册编委会

主　　编：职雨风

副 主 编：乔　翔　陈　记　王啟铜　姚喜明　李　斌

编写人员：王文州　和海芳　肖富昌　张亚妮　王　勋　罗　霆
　　　　　尼颖升　李　茜　甄东晓　傅光奇　陈清松　栗学铭
　　　　　胡正涛　李根存　罗林阁　李　伟　罗新才　南　电
　　　　　周振宇　王　波　陈明晓　牛敏强　黎景光

序一
PREFACE

交通是兴国之要、强国之基。党的十九大明确指出，建设质量强国、交通强国，把提高供给体系质量作为主攻方向。2019年9月，中央正式发布的《交通强国建设纲要》，明确提出了推动交通发展由追求速度规模向更加注重质量效益转变，由各种交通方式相对独立发展向更加注重一体化融合发展转变，由依靠传统要素驱动向更加注重创新驱动转变，打造一流设施、一流技术、一流管理、一流服务的要求，为我国未来三十年交通发展擘画了宏伟蓝图和指明了奋斗方向。

推进交通运输"品质工程"建设，就是顺应新时代、新任务、新要求的现实之举，是在工程建设领域贯彻落实《交通强国建设纲要》的必然要求。它的核心要义是将交通基础设施建设的提质增效和转型升级作为主攻方向和动力源泉，以质量变革为主体、效率变革为主线、动力变革为基础，在建设理念、管理举措、技术进步方面有新作为，在工程质量、安全、可持续发展方面取得新成效，全面实现交通运输基础设施建设的转型升级和高质量发展，进而实现由交通大国向交通强国的转变，加快建成人民满意、保障有力、世界前列的交通强国，为全面建成社会主义现代化强国、实现中华民族伟大复兴中国梦当好先行。

交通运输的高质量发展，首先是基础设施工程项目的高质量建设。改革开放以来，我国交通基础设施建设经历了40多年的发展，建成了一批在世界范围内具有影响力的跨海（江）桥梁、长大隧道、大型沿海港口工程，也积累了大量工程建设和管理经验，在工程建设方面已具备了再上新台阶的基础条件。"品质工程"继承和丰富了现代工程管理的理念和内涵，追求工程内在质量和外在品质的有机统一，是一个站在新的历史起点上推进交通建设工程质量转型发展的有力举措，是公路水运建设工程转入高质量发展的序曲和基础支撑。

广东省南粤交通投资建设有限公司主动把握工程建设发展的新趋势，率先开展了"南粤品质工程"创建活动。经过3年多的实践探索，形成了"高质量理念、高质量管理、高质量产品、高质量服务"的南粤品质特色。在实践过程中，桩基标准化、路基标准化、房建标准化作为标准化设计的重要组成部分，丰富和完善了广东省标准化设计体系，促进了工程建设标准化工作的发展。优质优价、优监优酬、双标管理、首件工程制、五赛五比等举措逐一落实，提高了项目建设管理水平。植被修复、废渣利用、"永临结合"等节能减排、生态环保技术的应用，革新了建设理念，推动了绿色发展。数百项微创新成果改进了现有工艺、设备，汇聚了集体智慧，弘扬了工匠精神，提高了生产效率，提升了工程质量。服务设施的人性化、路政管理的标准化、运维养护的数字化，全面提升了营运服务水平。总的来说，广东省南粤交通投资建设有限公司在"品质工程"创建过程中积极探索、勇于创新，付出了艰辛努力，取得了显著成效，展现了良好风采。

《"南粤品质工程"理念与实践系列丛书》就是"南粤品质工程"创新成果的系统总结，从建设理念、设计、管理、质量、创新、绿色、安全、服务、展示等九个方面，全面反映了"南粤品质工程"的创建过程和经验体会，内容丰富、形式新颖、针对性强、推广价值高，可为建设"平安百年品质工程"提供重要的参考与借鉴。开卷有益，我们期待着广大交通工程建设的从业者都能积极地行动起来，主动作为、积极探索、广泛交流、共同努力，不断提升技术、管理和服务，推动交通基础设施高质量发展，促进交通工程项目品质工程建设再上新的台阶。

交通运输部总工程师
2019年10月

跨过山海江河，只为"品质工程"
——记《"南粤品质工程"理念与实践系列丛书》

《"南粤品质工程"理念与实践系列丛书》（以下简称《丛书》）记载了南粤交通人在"品质工程"道路上的汗水和艰辛，见证了南粤交通人在推进高速公路高质量发展道路上的不断提升和超越！

广东省南粤交通投资建设有限公司（以下简称"省南粤交通公司"）于党的十八大之后成立。在那段时期，党和国家的各项事业取得了重大成就，社会面貌发生了深刻变革；彼时的广东，正紧紧围绕习近平总书记在广东考察工作时提出的"三个定位、两个率先"的总目标，不断优化区域协调发展空间布局，举全省之力推进粤东西北地区振兴发展；彼时的南粤交通人，毅然决然地在广东省交通基础设施建设道路上，在"加快高速公路建设，助力粤东西北发展"的高速公路建设大会战战场上，扛起了广东省政府还贷高速公路建设发展的大旗，不断前行。2017年10月，在党的十九大召开前夕，省南粤交通公司站在新时代的门槛上，再一次迎来历史性的发展跨越——经过与广东省交通集团有限公司完成重组改革，在企业发展之路上实现了华丽蝶变。在以"高质量发展"为主旋律的新时代公路建设发展浪潮中，该公司于2017年、2018年分别实现了高速公路高质量通车的企业管理目标，连续2年的通车总里程占全省2年通车总里程的82%；为广东省构建区域平衡、协调发展新格局，助力脱贫攻坚，做出了行业贡献；为广东省高速公路总里程突破9000km、连续5年居全国第一，贡献了"南粤力量"。

省南粤交通公司肩负着约2000km政府还贷高速公路建设营运管理的重任，项目建设总投资额约为2400亿元，新开工高速公路约1618km，占广东省同期新开工高速公路总里程的37%，项目覆盖广东省19个地级市。新开工建设的项目中，有广东省高速公路建设史上单独立项线路里程最长的项目——汕昆高速龙川至怀集段（全长366km），有粤港澳大湾区的重大工程项目——港珠澳大桥珠海连接线，有全省最长的高速公路隧道——金门隧道，还有拱北隧道、通明海特大桥等一大批跨海、跨江、跨河、跨山通道……项目规模庞大，工程技术复杂，施工难度高。

依托上述体量庞大的建设项目集群，省南粤交通公司在积极探索高速公路建设管理现代化管理体系的道路上，以广东省先行先试，以"弘扬现代工匠精神，打造南粤品质工程"为主题，开启了"南粤品质工程"创建活动的新征程。《丛书》全面介绍了"南粤品质工程"的发展脉络，凝聚了南粤交通人在谋求高品质发展道路上的集体思考；体现了"南粤品质工程"以技术为引领，以人为本，以自然为载体，以长寿命安全为目的的高品质高速公路建设体系；有理念与管理，有质量与安全，有设计与创新，有绿色与服务，有全方位、多维度的成果展示，还有南粤交通人对当前公路建设发展的审视和对未来的展望，彰显了省南粤交通公司"大道为公"的内涵。

这套《丛书》既是省南粤交通公司建设工作的总结，也是和国内外同行交流沟通的平台，既可为同类项目建设提供参考，也可为下阶段行业开展"平安百年品质工程"提供借鉴。希望广大公路建设者充分交流、不断总结实践经验，努力推进高速公路建设发展再上新台阶！

广东省交通集团有限公司总经理

2019年9月

目录 CONTENTS

第一章　绪论 ... 001

第二章　省南粤交通公司创新理念及体系 ... 005

第一节　创新理念 ... 006
第二节　创新模式与体系 ... 007
第三节　创新方式与动力 ... 008

第三章　管理创新 ... 011

第一节　管理模式创新 ... 012
第二节　投融资模式创新 ... 013
第三节　征地拆迁模式与工作创新 ... 014
第四节　建设管理创新 ... 017

第四章　新结构与新工法应用　023

　　第一节　拱北隧道新结构及新工法……………………………………024
　　第二节　大吨位转体桥技术……………………………………………030
　　第三节　大跨、宽幅波形钢腹板连续梁桥……………………………032
　　第四节　路面倒装结构应用……………………………………………035
　　第五节　下穿铁路四孔并行箱涵顶进技术……………………………036
　　第六节　长段落与500kV高压线共用走廊……………………………037
　　第七节　大直径波纹管涵应用…………………………………………039
　　第八节　预应力管桩大范围应用于桥梁结构…………………………040
　　第九节　STC钢桥面铺装应用…………………………………………041

第五章　科研支撑和专题研究　043

　　第一节　桥梁方向科研与专题…………………………………………044
　　第二节　其他科研和专题………………………………………………053

第六章　南粤工程技术微创新与应用　065

　　第一节　路基工程………………………………………………………077
　　第二节　桥涵工程………………………………………………………080
　　第三节　隧道工程………………………………………………………088
　　第四节　路面工程………………………………………………………093
　　第五节　交通工程及信息化管理………………………………………096

第七章　展望　105

第一章

绪论

创新是进步的灵魂,是发展的动力。

创新型国家是指那些将科技创新作为基本战略,大幅度提高科技创新能力,形成日益强大竞争优势的国家,也即是以技术创新为经济社会发展核心驱动力的国家。

国家创新体系是一个宏观的、综合层面的体系,它是一个网络体系,由知识创新系统、技术创新系统、知识传播系统和知识应用系统组成。基本功能是知识创新、技术创新、知识传播和知识应用。这四个系统既各有重点又互相交叉渗透,互为支持条件,是一个完整的开放系统。国家创新体系是国民经济可持续发展的基石。在创新这个问题上,中国经历了荆棘、重重困难和醒悟。当前,我国创新体系建设已进入到在国家层次上进行整体设计、系统推进的新阶段。

自党的十八大以来,在习近平总书记的公开讲话和报道中,"创新"一词出现超过千次,可见其受重视程度。这些论述,涵盖了创新的方方面面,包括科技、人才、文艺、军事等方面的创新,以及在理论、制度、实践上如何创新。正如习近平总书记所说:"创新是一个民族进步的灵魂,是一个国家兴旺发达的不竭动力,也是中华民族最深沉的民族禀赋。在激烈的国际竞争中,惟创新者进,惟创新者强,惟创新者胜。"[1]中共十八届五中全会明确了"创新、协调、绿色、开放、共享"五大发展理念。这是我国在"十三五"期间,乃至更长时期内的发展思路、方向和着力点。

创新体系的适用和应用,小到具体工程,大到国家层面,都是有理有据、环环相扣、一脉相承的。广东省以国家创新体系为基、以党中央创新发展理念为魂、以时代发展为需、以民族发展战略为准,其创新理念和体系始终秉承和吸纳于国家创新体系。

从时间和空间的维度上,广东省创新发展始终紧跟国家步伐,紧随时代脉络。

跨入 21 世纪前夕,在全球新技术革命的浪潮中,广东省率先突破科技和经济不能融合的问题以及科技人才不足的软肋,颁布省级经济和科技改革方案,推动建立以大企业为主体,以科研机构、高等院校为科技依托,以市场配置资源为基本途径的科技创新机制。

进入 21 世纪,广东省科技创新工作蓬勃发展,创新渐渐成为全社会的共识和实践。同时恰当地指出要把广东省建设成为区域性国际化的科技中心,要为经济社会全面、协调、可持续发展提供强有力的技术支撑。

党的十八大以来,以习近平同志为核心的党中央对科技改革和创新提出了一系列重大新思想、新论断、新要求。广东省在全国率先全面深化科技体制改革,把增强自主创新能力、破除体制机制障碍"两个轮子"同步转起来。其间,适势地将珠三角国家自主创新示范区和粤港澳大湾区建设相继启动,显示出广东的创新发展不仅要在中国发展中走在前头,还要打造国际科技创新中心。

---

[1] 摘自习近平总书记在欧美同学会成立 100 周年庆祝大会上的讲话(2013 年 10 月 21 日)。

党的十九大报告明确提出,要加快建设创新型国家,建立以企业为主体、市场为导向、产学研深度融合的技术创新体系。广东省落实以习近平同志为核心的党中央在创新驱动发展方面做出的决策部署和重大改革,面向世界科技前沿、面向经济主战场、面向国家重大需求,加快各领域科技创新,同时获批建设珠三角国家科技成果转移转化示范区,以珠江三角洲为核心,以广州、深圳为龙头,构筑全省结构合理、运作高效、符合社会主义市场经济规律和广东特色的开放的区域创新体系。加强珠江三角洲对东西两翼和山区的技术辐射和产业辐射。实施粤港澳大珠江三角洲之间的合作与互动,构筑连通海外、辐射内陆的大珠江三角洲创新体系。连接福建、江西、广西、湖南、四川、云南、贵州、海南八省区,实现创新要素的合理流动和创新主体有效连接,形成由大珠江三角洲向内陆延伸的泛珠江三角洲区域创新体系,提高全省的科技综合实力和国际竞争力,加快建设科技强省。广东省区域创新体系的建设目标层次图及覆盖全省的多层次、多形式、多种类科技创新体系框架如图 1-1、图 1-2 所示。

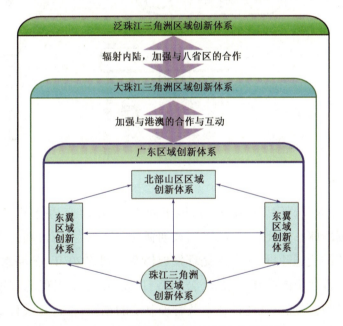

图 1-1　广东省区域创新体系的建设目标层次图

改革开放 40 年来,广东省以改革开放的勇气和担当,一次次完善机制的顶层设计,明确创新发展的方向,打通创新路上的障碍,造就了诸如"星期六工程师"、外地科技人才的"孔雀东南飞"等科技创新引领行业先锋的现象。在时代发展的节点上,运筹帷幄、突破局限、化茧成蝶。

因此,广东省创新体系的脉络是非常清晰和正确的,从时间到空间、从国家层面到地方实际,由表及里、由浅入深,步步为营、环环相扣。至此,在国家创新的大背景下,广东省与时俱进的创新理念为省交通建设的发展奠定了基础。

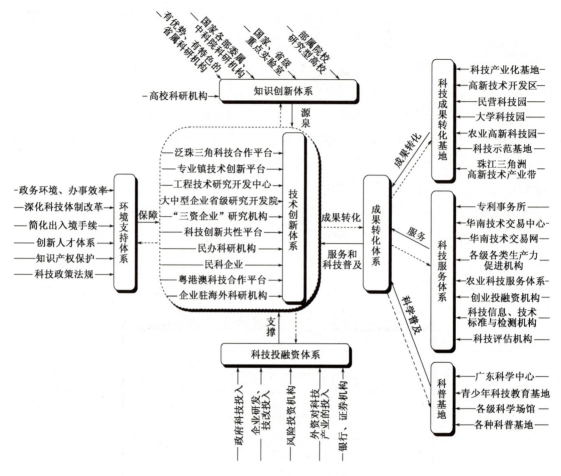

图 1-2　广东省科技创新体系框架图

广东省南粤交通投资建设有限公司(以下简称"省南粤交通公司")以广东省交通建设为己任,以省创新体系框架为指导,以国家创新发展理念为基石,竭力创建"创新、协调、绿色、开放、共享"的交通建设、运营的循环发展体系。到2020年,公路水运品质工程理念深入人心,品质工程评价体系基本建立,公司将打造一批品质工程示范项目,形成一批可复制、可推广的经验,实现一批建设技术及管理制度的创新,推进相关标准规范更新升级,逐步形成品质工程的标准体系和管理模式,带动全国公路水运工程质量水平的整体提升。

"南粤品质工程"的创建不是终点,更不是终极目标,而是打造行业品质工程良好的典范。以下沿着省南粤交通公司的"创新体系→南粤工程科技创新→微创新→展望"的脉络对南粤品质工程铺开展叙。

第二章

省南粤交通公司创新理念及体系

第一节 创新理念

党的十八届五中全会提出了包含创新在内的五个发展理念,对企业创新能力的提升寄予了厚望,如何把愿景变成可操作的具体措施,是企业亟须探索的命题,建立企业科技创新体系,可作为一个切入点。

创新是创新体系中各主体之间复杂的互相作用的结果。业主单位、设计单位、施工单位这三个要素以及它们彼此之间的相互作用构成了创新体系的主体。

技术创新的主体是设计单位和施工单位,管理创新的主体是业主单位和施工单位,同时设计单位也要进行一定的管理创新。企业作为国家创新体系中应用知识、提供产品和服务的主体,是知识流通和应用的关键环节,它可以直接应用国家公共研究机构和高校的知识,通过自身技术中心的创造活动,即产品创新、市场创新等为社会提供产品和服务,并从市场中获得技术创新的收益,形成企业创新体系的良性循环。这种良性循环依赖于产、学、研的结合或金融的支持等。

思维创新是知识创新和技术创新的起点。思维创新是指要培养具有创新的思维,没有创新的思维,根本无法谈知识创新和技术创新。思维创新是一个人进行知识创新和技术创新的基本素质,是每个人进行知识创新和技术创新的起点。公司应培育员工的创新精神,鼓励员工敢于思考,敢于打破常规,敢于按照自己的思维去做事。这样员工就有一个良好的创新思维,通过学习掌握了基本的科学知识和研究方法之后,他们就可以进行知识创新和技术创新。因此,从个人的角度讲,创新就是思维创新。

技术创新、知识创新和制度创新在创新体系中要实现互动。研究的水平越高,对客观规律的认识就越深入,创新的视野和思路就越宽阔,创新成果的影响力就越大。因此,公司必须和科研机构和高校进行联合,搞"产、学、研"一体化,促进企业与高等院校和科研院所之间的知识流动和技术转移。

党的十九大强调要加快建设创新型国家,提出建设交通强国。秉承这一理念,多年来,省南粤交通公司作为广东省政府还贷高速公路建设业主,积极响应和实施国家创新战略规划,在国家创新体系及广东省经济发展新时代等平台资源优势的影响下及政企合作战略指引和政府支持下,省南粤交通公司与诸多省市及优秀企业建立了良好的战略合作伙伴关系,形成了良好的政企、企企合作模式。而且,省南粤交通公司投资参与的一些大型项目的强劲实施,助推了合作地区的经济发展,成为当地乃至连片区域经济新的增长点,为打造交通强省提供可能与条件。

第二节　创新模式与体系

1. 创新模式

（1）自主创新的模式。企业根据现有的人力、物力、财力进行自主研发，企业内部的科研组织系统不断地创新、研发、试验取得拥有自主知识产权的独特的核心技术以及在此基础上开发新产品，这种创新模式就叫作自主创新。自主创新对于企业的研发实力、资金实力以及在交通行业的技术创新领域是否处于领先地位，这些都是限制企业自主创新的重要因素。因此，企业要在开展自主创新时与企业自身的实力、市场需求紧密结合，在具备充足的研发资金后制定严密的研发计划，从而获得最具有价值的技术科研成果。

（2）加强合作的创新模式。合作创新是目前我国解决交通技术问题的有效模式，是推动高速公路交通工程行业发展的一个重要选项。高速公路交通工程企业之间通过人才的相互配合、资源的相互利用，实现优势互补，有效地降低了企业进行技术创新的风险与成本，为企业之间突破一些重大的研究课题提供保障。

（3）引进技术模仿的创新模式。高速公路交通企业为了获得更大的利润，在自身实力难以满足技术创新的前提下，企业需要引进已有的创新技术，将新材料、新设备、新技术引进企业，企业再根据自身的条件进行进一步创新，这种创新模式能够迅速提高企业各方面的技术水平，更好适应市场发展的需求，提高企业在市场中的竞争力。模仿创新是指通过模仿和学习其他企业的技术创新的思路、工艺、技术、材料等开发模式，研究其内部的技术创新，然后运用企业自身的技术创新，这种创新需要将外界的创新模式与自身的创新进行很好的结合，同时也是快速提高企业技术的一种方式。

2. 创新体系

（1）确立创新主体、加快技术中心的建设。企业要构筑自身的技术中心，使其成为企业自身发展的支撑与依托。技术中心的建设要紧密结合生产现场，紧紧围绕降低成本、提高工程质量、加快施工进度进行技术创新。依照精干、高效的原则，以现有的科研力量为基础进行扩展，形成决策层、管理层、开发层的一体化，紧密型管理与松散型管理相互结合的组织机构。

（2）建立企业内部的创新文化和企业精神。企业创新文化是技术创新的根本动力，它是企业内部在长期积累的条件下形成的，是企业制度的精髓，建立健全创新文化能够提高当前企业的技术创新的竞争力。企业精神是交通投资企业进行技术创新的前提和基础，

企业在发展过程中的经营决策对技术创新的重视程度、创新目标的把握以及对创新成果的运用的落实力度，都对整个企业的技术创新具有重要意义。

（3）建立健全工程建设质量保障体系。将质量意识渗透给广大职工，对职工进行质量建设专题教育讲座，运用通俗易懂的讲授让职工深刻明确质量管理的重大意义，认识到各施工环节可能对整个工程质量起着决定性作用，不仅涉及技术和细节问题，而且还影响着公司的长远发展和国家的安全稳定。质量管理人员应该在现场对施工情况进行督促和检查，发现问题及时解决，尽量减少质量瑕疵和事故，提高施工效率。

（4）规范工程监督制度。改变落后的工程管理思路，树立科学的管理理念，创新管理方式，更新落后的工作方式和流程，使各个工作部分更好地协调和衔接。发挥先进的管理经验作用，实现与信息技术的良好促进，积极有效地监督工程市场，促进管理的实效性。

第三节　创新方式与动力

省南粤交通公司投资高速公路项目达 1 600 余公里，分布在粤东西北和珠三角地区，从滨海平原到山岭重丘，工程涉及各种复杂地质构造，甚至跨越海和河及穿越核心城区，涵盖了各种路、桥、隧等结构形式，从建设初期的征地拆迁、融资形式等到工程建设中的方方面面难度都非常巨大。从工程涉及区域、范围等内在和外在条件来看，公司层面着眼全局，发挥工匠精神，面对严峻的市场竞争和需求，考虑到内外在动力因素，着力从管理制度和技术革新角度出发，在工程上提倡和实施优质优价、优监优酬等激励机制，在科研和关键工艺专题上加大支持力度，充分调动和激发了各类人员和岗位的激情，从而由被动创新到主动创新，为解决问题、提升工程品质等提供了可能与条件。

在科研与成果转化方面，省南粤交通公司持续加大对科研工作的支持力度，鼓励南粤人不断学习，不断突破，攻克解决桥梁、隧道、路面、绿色公路、BIM 应用等多方面的技术难题，开展相关新技术、新工艺和新材料的研究与开发，加大科技成果的推广应用力度，做到学以致用，做好智慧交通谋划，逐步打造集调度指挥、公众查询、投诉咨询等功能为一体的智能交通综合管理平台，加大对大数据的应用和挖掘，发展增值服务。

在具体工程项目方面，省南粤交通公司所属各项目积极响应创新驱动发展战略。珠海连接线项目用了 5 年的坚守和创新，以"曲线管幕+冻结"的工法填补世界技术空白，难度、规模和技术含量刷新了数项世界纪录，被誉为"地下神九"，为世界示范了"中国智造"的水平。阳化项目突破传统监控大厅监视墙单纯监控视频模式，在全省首创了高分可视监控一体化平台。清云项目的西江特大桥在广东省率先引入 BIM 技术，通过建立三维大桥模型,大桥任何一处结构物的信息都可以通过 BIM 平台显示出来,便于设计优化、可视、可溯。连英项目改变传统的高速公路建设方式,依托"互联网+"平台,围绕施工过程管理,建立互联协同、智能生产、科学管理的信息化管理生态圈,实现工程施工可视化智能管理,大力推行"机械化换人、自动化减人、信息化树人"的高速公路建设新方式。

省南粤交通公司所属各建设项目,以创新理念和创新体系为指导,积极进行各项科技创新和微创新。

第三章

管理创新

第一节 管理模式创新

　　政之所兴,在顺民心;富民之道,通路为始。广东省高速公路建设始于20世纪80年代,其第一条政府还贷高速公路是韶赣高速公路,建设始于2007年。未来高速公路建设将向经济欠发达、建设条件复杂等地区倾斜,由于工程规模大、经济效益差,建设模式将主要采用政府还贷模式。为破解高速公路建设资金缺口大、政府还贷高速公路项目业主角色缺位等问题,在广东省政府的决策和支持下,经有关部门和金融机构反复研究和论证,决定组建省南粤交通公司,具体负责交通建设投融资和政府还贷高速公路的建设、经营和管理。省南粤交通公司于2012年年底由广东省人民政府批准成立,是广东省交通集团有限公司所属的具有特殊使命的国有企业,是广东省交通建设投融资和政府还贷高速公路的建设、经营和管理主体。第一要务是服务于省委、省政府经济社会发展战略部署的大局,打好高速公路建设攻坚战、促进区域经济的发展,这也是公司的中心任务和历史赋予公司的重要使命。

　　"十三五"是交通运输基础设施集中建设、加快成网、优化结构的关键时期,要紧紧抓住交通运输基础设施加速成网的黄金时期,继续保持适度超前发展,夯实和巩固基础性、先导性地位,掀起高速公路建设新高潮,打好高速公路建设三年攻坚战。按照国家、省的部署,省南粤交通公司发出"撸起袖子加油干"的总动员,紧紧围绕"保开工、保开通、保畅通"的总目标,加快推进政府还贷高速公路建设,以承担更多的社会责任、提供更好的公共服务为导向,践行"创新、协调、绿色、开放、共享"的发展理念,落实智慧交通、绿色交通、平安交通建设,确保"南粤品质工程"创建活动的顺利推进,树立政府还贷高速公路品牌,进一步发挥高速公路对地区经济社会发展的引领和支撑作用。

　　省南粤交通公司从制度建设、政府还贷高速公路管理体系、投融资机制、投融资和政府还贷的新机制方面做了大量探索,实现了高速公路建设投融资和政府还贷管理模式的创新运作体系。

　　1. 制度建设

　　制度建设是公司实现科学管理的前提,公司吸取省内同行业经验,结合实际,在建立董事会、经营班子、监事会运作机制和工作制度的基础上制定了基建、营运、党群等业务管理方面的制度,并从长远着眼,制定了公司会计政策,建立适合政府还贷高速公路长期健康发展的财务模式和会计体系。在工程项目上,实施优质优价、优监优酬的创新激励机制,充分调动内外在动力和发挥匠人精神,激发岗位人员积极性和创业激情,以公司实际出发,推进科技管理和内部制度建设,打造与别的项目不一样的品质工程。

2. 政府还贷高速公路管理体系

由于政府还贷高速公路项目之前由广东省交通厅委托广东省公路局或省交通集团"代建代管",两单位又委托下属机构进行管理,存在管理层级多、责任主体不明确的问题,同时由于体制不一,管理也难以规范统一。省南粤交通公司成立后,接收了广东省现有的政府还贷项目,对各项目进行了深入调研,摸清情况,制定接收方案,按照科学、规范、统一、高效的原则,对项目单位的法定代表人和管委会人员进行变更,由公司对项目直接管理,依据公司的机构设置、人员管理办法等有关制度,对各项目的管理模式、机构、人员配置等进行调整,全面统一、理顺各政府还贷项目的人事、财务、管理等各方面关系,减少了中间管理环节,基本实现权责分明、规范统一的管理目标。

第二节　投融资模式创新

省南粤交通公司挖掘潜力,盘活存量资产,积极争取上级部门支持,不断提高投融资能力。一是将已建成的政府还贷高速公路资产或不涉及复杂股权产权关系的资产注入公司;二是为充分发挥财政资金的放大作用,省财政安排的高速公路项目资本金,由原直接拨付到项目,改为拨付到公司;三是将30%分红收益权注入公司。资产规模的壮大显著提高公司的融资筹资能力。

(1)为进一步加快交通基础设施建设,振兴粤东西北,省委省政府提出省市共建,双业主制的新举措,落实省市共建双业主制。政府还贷项目一律按7∶3的投资比例实施省市共建。若项目同时跨越两个以上(含两个)地级市,则地方分担的30%投资由项目沿线地市共同承担。

(2)为提高新建高速公路项目投资效益,以有效减轻省、市财政资金筹措压力,顺利落实项目银行贷款,根据国家现行法律法规,公司提出相关政策建议,争取政策支持。

(3)为进一步破解高速公路资金缺口问题,省南粤交通公司积极探索通过综合开发弥补项目还本付息缺口的运作模式,以减轻财政和融资压力。

政府还贷高速公路处于广东省不同地区,建成时间有先后,经济效益各有差异。公司探索整合存量项目,多项目组合贷款的方式,对政府还贷项目实行统贷统还,实现以丰补歉,以提高项目的融资能力和弥补部分项目营运缺口。同时,结合收费公路管理条例修订的契机,探索统贷统还的政府还贷项目适当延长收费期的可行性。

第三节　征地拆迁模式与工作创新

省南粤交通公司下辖近 20 个高速公路管理段,涉及 1 600 多公里高速公路沿线的征地拆迁规模,短期内征地拆迁总体数量、协调难度等均在省内历史上少见。省南粤交通公司能将如此庞大而又烦琐的任务圆满完成,除了合理的顶层设计和全盘统筹之外,更是集中体现了属地项目智慧决策和以地方为主导征地拆迁模式的创新,也是突出践行了"项目建设,征拆先行"的理念。

在广东省委省政府大力支持和倡导下,广东省高速公路建设总指挥部(以下简称省高指)提出了省市共建、双业主制的新举措。在建设阶段,项目管理处负责建设项目的工程质量、进度、投资控制、安全生产、综合治理等管理工作,投资主体负责建设项目的指导、检查与监督,地方政府负责完成全部土地征收和红线内地上地下所有附着物(结构物)的拆迁、安置补偿、留用地办理等工作。

省南粤交通公司管理层面的具体工作,一是借力省高指,对接省国土、林业、社保等管理部门,协调解决用地、用林等报批手续中存在的疑难问题,跟踪报批材料审查进程;二是及时掌握最新政策动态以及各项目进展和存在问题,做好上传下达、沟通协调、报告请示工作,迅速解决各项目遇到的困难,协助项目加快征地拆迁进度;三是根据各项目具体需求,公司领导与地方政府逐一开展工作对接和协调;充分利用"省市共建"机制和省高指督导职能,对困难路段和地市进行专项现场督导;四是组织召开用地报批、征地拆迁、廉政建设等专题会议,及时有效解决阶段性共性问题;五是公司与省电网公司搭建电力迁改省级协调平台,及时印发管线迁改指导意见,重点规范和推进管线迁改工作。

一、用地报批

从省市共建和以地方为主导的征地拆迁模式的思路出发,在用地报批过程中,各路段项目管理处积极参与、主动统筹,充分利用自身优势创造条件,与各地国土管理部门以及其他相关部门做好沟通工作,并通过以下四点措施,顺利、及时完成用地报批手续。

1. 集中交底、明确思路、制定计划

鉴于用地报批工作环环相扣、步骤繁杂,加上部分偏远县区缺乏大型单独选址项目用地报批经验,各项目管理处在用地报批之前,协调各地市高指、国土局召集各县级市、区相关部门经办人员进行技术交底,明确用地报批的思路及方向,避免后续走弯路。同时,制定明确的计划实施节点,要求林业、社保等部门紧密配合用地报批工作。

2. 重视数据、加强沟通、少绕弯路

用地报批的专业性较强,主要体现在原始数据较多且复杂,而后期资料均建立在原始地类、地籍数据之上,牵一发而动全身。为保证用地报批不做无用功,各项目管理处要求勘测定界单位完成勘测定界报告后及时与国土局联系,在最短时间里先核对好原始数据,保证所用数据准确、齐全。在用地报批过程中,各项目管理处建立了用地报批专用QQ群,提供了直接沟通的平台,在发现数据有问题时能够及时提出并修正,有效提高了工作效率。

3. 实时跟踪、及时协调、限时解决

由于用地报批所包含的分项资料较多,如占用和多划(补划)基本农田、压覆矿床等,均要独立走完审批程序才能归入最终用地报批资料进行组卷。对于每一个分项资料,各项目管理处均指派专人实时跟踪每一步流程,勤于沟通每一经办人员,尽量在每一阶段和每个经办人手中加快办理进度。对于涉及国有农场确认、跨公路铁路确认等协调难度大的问题,各项目管理处也及时与当地市政府、省南粤交通公司进行沟通,以便在更高层面协调,做到尽快解决。

4. 集中组卷、联合审查、同步审批

各项目管理处和国土局牵头组织相关部门的经办人员集中办公,提前将所有报批材料经市国土(自然资源)局相关处室审查,根据统一标准修改后再一并组卷,有效减少了审批与组卷时间。

二、征地拆迁

在用地报批工作走上正轨的同时,征地拆迁工作也逐步开展。各项目管理处主动介入,切实做好征地拆迁工作,始终坚持以下八方面工作创新思路。

1. 主动作为、全程参与、控制主导

按照已签订的《征地拆迁工作总包干协议》约定,征地拆迁的主体是地方政府,项目整体征地拆迁工作都由地方政府去组织和完成,各项目管理处按照征地红线完成边桩的埋设、提供相关图纸和数据、参与特殊青苗、厂矿补偿评估及其他征拆个案协商等工作。为了保证征地拆迁工作能按照项目的建设计划完成,各项目管理处从一开始的整体部署、时间节点的设置,到整个工作过程中的控制、问题的处理,都主动作为,全过程参与并起到统筹和主导作用。

2. 尽早启动、整体部署、明确思路

由于同个地市各县市区的征地补偿标准可能不一样,部分相邻的区域补偿标准相差较大,可能引发群众意见并导致征地工作困难。为避免此情况,各项目管理处与所在地国土(自然资源)局沟通后,制定了先征收补偿标准较低地区、再开始补偿标准较高地区的征地策略,有效避免了由于征地标准不一而导致的征地问题。

3. 省市共建、加强宣贯、促进作为

征地拆迁实施过程中,可能经常遇到地方村民提出增加修建地方道路和改善地方设施等额外要求,否则不配合征地工作等问题。各项目管理处在征地拆迁工作中多宣贯、解释项目的省市共建性质,让地方政府形成"自己是项目的主人,项目的事就是自己的事"的意识,让地方政府改变以往的征地工作态度,主动作为,通过地方交通规划和民生政策等多种其他渠道,灵活解决征拆过程的一些问题,不会像以往搁置不解决或完全依赖项目管理处来处理,有效提高了征地拆迁效率。

4. 建立机制、沟通督导、及时解决

各项目管理处通过和各地市指挥部沟通,设立了"七个一"的沟通督导机制。即各区、县级市指挥部切实做到"每周一巡"(沿线指挥部总指挥每周必须到所在地施工路段全面巡视一次)、"每天一会"(沿线指挥部办公室每天召开一次碰头会)、"每天一问"(各区、县级市主要领导每天过问一次项目进展情况);市指挥部切实做到"每天一报"(每天收集通报征地拆迁情况)、"每月一会"(每月召集各县指挥办公室、项目管理处主要负责人召开一次碰头会)、"每月一巡"(市指挥部总指挥每月到施工现场全面巡视一次);各项目管理处切实做到"每周一报"(即每周向市指挥部办公室报送一次工程进展和需协调解决的问题)。本机制的设立大大增加了项目管理处直接反映问题的机会和渠道,促使各级政府主要领导靠前指挥,对征地拆迁及施工过程中出现的重点和难点问题,亲自督办、亲自协调、限时解决。

在建立完善沟通机制的基础上,各项目管理处严格要求施工单位全力配合,认真摸清征拆存在问题并如实上报,不得为地方隐瞒,确保了征拆问题能够准确、及时上报至指挥部并及时处理。

各项目管理处充分利用每一次地方政府领导调研项目现场的机会,及时将最重点的征拆问题进行汇报,使存在问题能够在更高一级层面进行决策和落实,大力推进了许多征拆重难点问题的解决进度。同时为保证现场施工不受群众无理阻工等因素干扰,各项目管理处协调所在市指挥部统一要求各镇在项目施工现场设置高速公路专属的警务室,对无理取闹的村民起到了很好的震慑作用,为高速公路建设保驾护航。

5. 密切沟通、尊重民俗、未雨绸缪

在落实市指挥部督导机制的同时,各项目管理处做好与各县区指挥部、各镇以及街道办主要负责人的沟通工作,将工作落实到现场第一线,及时了解征拆最新进展情况,做到信息沟通无障碍。同时也和林业、供电等周边与征拆相关的其他部门建立起完善的沟通机制,在临时用地、临时使用林地、临时用电以及管线拆迁等多方面同步推进征地拆迁工作。

项目管理处通过与地方政府的密切沟通,了解地方民风民俗,在征拆工作的部署上充分尊重地方民俗,有效规避征拆难点,在合适的时段及时推进迁坟、拆迁等工作。

6. 团结一心、众志成城、全员征拆

各项目管理处征拆部门配备一定比例的工程技术骨干和征拆管理人员,彼此之间相互学习和交流,迅速熟悉掌握征拆工作要点,并且在与地方沟通及对施工现场了解方面能做到更深入、透彻和准确。

7. 优化设计、调整方案、规避难点

征地拆迁过程中暴露出部分难点问题,如果地方政府做工作难度很大,时间拖得太长,将对工程影响较大。各项目管理处需站在更高角度综合考虑,在造价变化不大的前提下,采取优化设计方案的方法进行灵活处理,有效规避部分征拆难点问题,减少地方政府的工作量,加快征拆总体工作进度,减轻工期压力。

8. 积极创新、技术辅助、准确汇报

为方便前期工作的顺利开展,各项目管理处在工作过程中创新运用了多种技术辅助手段,如:奥维地图作为平台的引入对前期熟悉线路、林业调查、管线调查等工作取得了很好的效果,大大提高工作效率;使用无人航拍飞机对沿线的征拆进度进行监控,能够更加全面、直观了解现场征拆进度情况。

第四节　建设管理创新

一、设计管理方式创新

建章立制、创新理念、强化落实是省南粤交通公司设计管理的主要特点。

（一）建立设计管理制度

1. 完善设计管理体系，强化长效机制

省南粤交通公司建立了完善的设计管理制度体系，按照总体要求、初步设计、定测详勘、施工图设计、设计图设计五个阶段分别制定了一系列制度及文件，对设计全过程管理进行了规范统一。完善的设计管理制度体系为项目的勘察设计管理工作理清了思路、指明了方向。

2. 落实信用评价管理体系，强化合同管理

勘察设计合同是业主和勘察设计单位开展工作的前提和基础，信用评价是业主强化设计质量、进度管理的重要工具。省南粤交通公司充分利用设计单位信用评价手段，按照实事求是的原则对设计单位进行信用评价；同时要求设计单位从管理层到设计层高度重视，严守契约精神，按照合同约定开展勘察和设计工作。

3. 量化设计考核目标，首建问责制度

省南粤交通公司明确提出"建设项目实施阶段由于勘察设计原因造成的设计变更额度不超过项目概算建安费的5%"的总体质量控制目标，作为考评设计质量和项目管理的重要指标，并以此制定了明确的勘察设计质量要求及违约处罚条款，取得了良好效果。

（二）创新设计管理理念

省南粤交通公司始终坚持"设计理念贯穿设计全过程"，设计之初就明确项目的建设理念，在此基础上形成项目的设计理念，并在初设大纲、施工图设计细则中加以细化和完善。

1. 抓好总体设计，夯实设计基础

为规范总体设计管理，省南粤交通公司高度重视总体设计工作，及时组建有技术能力、能统揽全局的总体设计组，明确总体设计单位和参与各方的权责，督促项目总体设计单位做好相关工作，进一步夯实设计基础，提高设计质量。

2. 培育人才并加强项目管理认识

省南粤交通公司组织管理人员、技术人员，在重新调研广东既有项目建设管理经验的基础上，结合每个项目特点，总结提升出符合建设实际同时具有自身特色的技术风格，形成省南粤交通公司自己的管理理念，并教育培训相关管理、技术人员，使其贯彻在项目建设、设计管理过程中。

3. 坚持提升绿色和品质设计并提高人民和社会认可度

通过开展优化设计、动态设计，积极改善生态环境，促进资源、能源节约和综合利用，切实做到保护耕地、水域、森林等自然资源，努力打造资源节约环境友好型公路；通过开展用心用情等人本化设计，优化完善互通立交、地方路连接线、线外工程等设计内容，将民众需求真正落到实处，做到充分尊重民意、民风、民情，努力打造路地和谐型公路。

（三）强化全过程设计管理

1. 建立设计审查"双轨专家制"新模式

在设计审查过程中，提出审查"双轨专家制"。组成由特邀专家和咨询单位专家联合成立的专家组，并增设各专业专家、业主与设计单位面对面沟通讨论环节，不仅能够使专家的审查意见得到充分表达，而且能够使设计单位在设计过程中的主客观意见得到充分反馈，有效地解决了设计过程中的重点难点问题，加快了项目推进，提高了设计审查工作质量与效率。

2. 项目业主搭建设计全过程咨询平台

为最大限度发挥设计咨询单位的作用，减少评审时咨询和设计对重大技术方案的分歧，减少设计工作的反复，提高设计工作质量及工作效率，省南粤交通公司确立了全过程设计咨询的管理模式。与设计咨询单位搭建了良好的沟通协作平台，理清了全过程设计咨询的流程及方式方法，要求咨询单位尽早介入，并参与设计过程，及时和设计单位沟通意见，让咨询意见及时落实，显著提高了设计文件质量。

3. 推进捆绑招标及统筹各专业协调机制

省南粤交通公司明确规定初步设计阶段土建主体工程应与交通工程（机电、房建、交安、绿化）同步有序推进，清晰各专业间接口，加强各专业间的协调、互动，避免相互脱节；同时，从整体招标节点考虑，试行土建、路面、房建工程、景观绿化等合并招标，并以此开展设计，大幅降低了工程投入，同时缩减招投标时间。

4. 提倡设计标准化，提高设计效率和质量

省南粤交通公司执行广东省交通运输厅关于高速公路设计标准化管理的相关要求，各建设项目充分吸收、灵活利用广东省标准化研究的相关成果。在应用过程中，做到"设计标准化不等于完全一刀切"，对桥梁上部结构等标准图做到完全标准化；对桥梁下部结构、路基路面、隧道预留预埋等参考图，充分结合项目实际地形、地貌等外部条件，做到因地制宜，进行针对性设计、精细化设计。

5. 重视地勘与实施地质调绘专项验收，开展"一坡一审"专项审查

针对以往公路勘察设计过程中地质资料不全、不准、不实的问题，省南粤交通公司要求各项目均引入工程地质勘察监理，跟进勘察工作；创新性地提出了地质调绘专项验收的工作要求。通过在初勘阶段大范围的地质调绘，不仅满足了初步设计阶段着重进行大范围选线的特点，加快了勘察工作进度，且节约了比选价值较小线位上的钻孔工作量，提升了工作效率，也减少了后续路线方案因地质变化引起的重大调整。同时，开展高填深挖路基"一坡一审"等专项审查，为项目实施过程中可能存在的重点难点专项提供技术支持，减少设计工作的反复，起到了很好的效果。

二、招投标创新

（一）设计招投标创新

一次性招标是招标人选择一种招标方式，按照规定的招标程序，招投标双方一次性完成交易的招标形式。

勘察设计一次性总体招标指的是对公路建设项目的勘察和设计同时招标，一次性招标，中标单位负责完成初步设计、施工图设计和工地设计服务，直至工程竣工的全过程勘测设计工作。这种一次性招标模式缩短了工程建设周期，减少了建设单位协调工作量，提高了项目运作效率，保证了设计质量。

省南粤交通公司开展的设计招标工作，一般包括初步设计、施工图设计、施工期设计服务及全过程的勘探、测量，不含可行性研究报告编制，但部分项目会根据实际情况，由中标的设计单位对可行性研究报告进行修编。为提高工可研究深度，省南粤交通公司部分项目将1∶2 000比例的地形图提供前置到工可阶段。

（二）总承包招投标创新

总承包招标是近年来工程建设行业广泛采用的招标模式，在不同阶段、不同专业采用捆绑招标可以实现均衡投资、节约资源、提高招标工作效率等目的。基于政府还贷公路以及山区高速公路的基本特征，除在勘察设计阶段通过灵活运用技术指标降低工程规模外，也通过捆绑招标模式进一步加强统筹管理，节约资源，降低工程成本，并高效推进相关工程进度。

捆绑招标，是省南粤交通公司在项目建设管理过程中的一项重要管理模式创新。在路基、路面、房建、外供电等工程实施同步捆绑招标，整合了资源，降低了投资成本，也在环境保护方面收获了奇效，保证管理中心、收费站、服务区、停车区提前建成投入

使用。

1. 隧道与路面工程捆绑招标

隧道作为山区高速公路常见的构造物,不可避免地产生大量废弃洞渣。受施工工艺、组织管理等因素影响,洞渣往往得不到很好利用和合理调配,进而大量占用耕地农田作为弃渣场,污染环境,破坏生态系统平衡,浪费石材资源。实行隧道与路面工程捆绑招标,可以将隧道洞渣加工成碎石用于路面工程、路基填筑、涵台背填筑,减少路基挖方量,同时减少对自然环境破坏,经济效益显著。

2. 永久用电与土建工程捆绑招标

项目运营永久用电与土建施工的捆绑招标,使施工临时用电利用运营永久用电的供电线路和设备,减少了临时供电线路的架设、拆除,有效推进了外供电永临结合,减少重复投入。

3. 先行工程与施工便道的捆绑招标

山区高速公路建设需修建大量施工便道,为做好资源优化配置统筹,最大程度减少对环境和生态的破坏,减少施工单位进场准备时间,省南粤交通公司部分山区高速公路项目实施了先行工程与部分重点施工便道捆绑招标,为后续施工机械进场创造条件、节省时间。

4. 附属工程与主体土建工程捆绑招标

绿化与路面工程捆绑招标,便于绿化与路面的统筹协调,尽量避免交叉施工,有利于落实路面施工零污染目标。

附属房建工程纳入主体土建工程招标,使附属房建工程与主体土建工程在设计阶段统一协调,便于施工单位统筹考虑主体土建工程与房建工程的施工成本,减少房建与其他主体土建施工单位的沟通层次,确保各项工程进度的高效推进,提高附属工程质量。

(三)招投标措施微创新

在招投标措施方面,省南粤交通公司先行先试,一些改进做法具有亮点和创新,值得同行借鉴和学习。

(1)率先采用全国信用系统中所列从业单位的资质、业绩、人员等作为工程施工招标的投标信息采信依据,减少投标工作量。

(2)结合招投标实际情况以及现场履约的大数据统计,删除备选项目经理、备选总工的人员要求。

(3)采用大标段招标工作,充分发挥规模化、集约化、标准化优势。

(4)主动承担电子招投标系统研发工作,率先试点、全省推广。

(5)规范专家打分行为,采取取消分差值最大专家打分的原则,弱化极端分差对评标结果的影响。

第四章

新结构与新工法应用

省南粤交通公司投资高速项目达1 600余公里,项目大部分都分布在粤东西北和珠三角地区。从滨海平原到山岭重丘,工程涉及各种复杂地质构造甚至跨越海和河及穿越核心城区,涵盖了路、桥、隧等工程建设的全部类型,从建设初期的征地拆迁、融资形式等到工程建设中的方方面面难度都非常巨大。

从工程涉及区域、范围等内在和外在条件出发,公司层面着眼全局,发挥工匠精神,面对严峻的市场竞争和需求,考虑到内外在动力因素,着力从管理制度和技术革新角度,由被动创新解决问题到主动创新提升工程品质。如:港珠澳大桥珠海连接线拱北隧道建设受制于路线和地质条件,无现成经验借鉴,采用管幕冻结新工法;广中江项目因地制宜,为节约占地与投资,采用公路与高压线公用路线走廊带;连英项目和仁新从安全角度出发,为确保对既有铁路线影响最小,采用大吨位转体桥和箱涵顶进技术;新博项目、阳化项目等以结构耐久为目的推动绿色发展实施落地,大胆采用新型结构等,典型科技创新项目如表4-1所示。

典型科技创新项目　　　　　　表4-1

序　号	科技创新项目
1	拱北隧道双层隧道管幕冻结工法
2	大吨位转体桥技术
3	大跨、宽幅波形钢腹板连续梁桥
4	路面倒装结构应用
5	下穿铁路四孔并行箱涵顶进技术
6	长段落与500kV高压线共用走廊
7	大直径波纹管涵应用
8	预应力管桩大范围应用于桥梁结构
9	STC钢桥面铺装应用

第一节　拱北隧道新结构及新工法

一、条件分析

拱北隧道是港珠澳大桥珠海连接线的关键性控制工程,隧道长2 741m,涉及海域人工岛明挖段、口岸暗挖段及陆域明挖段等不同结构形式和施工工法。其中隧道暗挖段下穿拱北口岸,下穿我国第一大陆路口岸拱北口岸等敏感地带,隧道建设面临以下几大难题:

（1）地质条件复杂。被穿越地层具有高压缩性、高触变、高灵敏度、高含水率、大孔隙比、低强度等软土特征，地下水与海水联通受潮位变化影响大，隧址区域工程地质条件极其复杂。

（2）政治敏锐性强。拱北隧道下穿我国第一大陆路口岸。隧道上方即为下穿我国第一大陆路口岸拱北口岸，每日通关人数近40万，政治敏锐性强。

（3）地面建筑、地下管线及邻近桩基密集。口岸位置地面建筑众多，地下桩基密集，线位走廊带极其狭窄，采用上下交叠式设计后，隧道结构物外边缘与最近桩基距离仅0.5m，且属于超浅埋隧道，隧道顶面距离地表仅5m，对周边建筑变形控制和地表沉降控制要求极高，安全管理压力大。

二、创新措施

为解决上述建设难题，港珠澳大桥珠海连接线拱北隧道创新结构设计和施工工法，创造性地提出了空间曲线管幕+冷冻冻结工法。

（1）为解决走廊带狭长问题，隧道暗挖段在线位布设上采用平面W形设计；为避绕拱北口岸建筑桩基，在总体结构形式上采用上下叠层的卵形结构，按照"先分离并行，再上下重叠，最后又分离并行"的形式设置。拱北隧道布置及典型工法如图4-1所示。风雨廊处双层明挖隧道结构与邻近建筑关系如图4-2所示。

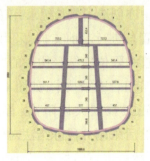
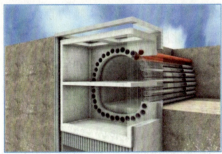

图4-1 拱北隧道布置及典型工法

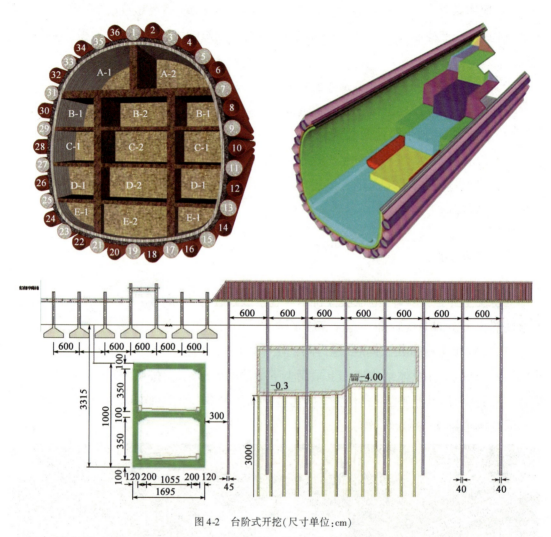

图 4-2 台阶式开挖(尺寸单位:cm)

(2)为解决上覆土层薄和滨海软弱富水区域隧道建设难题,隧道采用空间曲线顶管形成管幕超前支护体系(36根直径1.6m管幕,长度255m),为隧道开挖提供强大支护。为解决开挖期间管幕间止水难题,采用水平冻结工艺。国内外并无成功案例,且255m的管幕长度即使在目前已实施的直线管幕中亦创造了最长纪录,该施工工法属于首创。

拱北隧道暗挖段采用长距离曲线管幕进行超前支护,采用长距离水平控制冻结进行止水,创立了由常规冻结管、异形加强管和限位冻结管构成的"管幕冻结法",提出了临海环境下"冻起来,抗弱化,防冻胀"的管幕组合冻结技术,如图4-3所示。同时,管幕冻结止水方案亦无先例可循,科技含量高,施工难度大风险高,首先在隧道周围采用36根ϕ1 620mm的管幕形成超前支护体系,然后采用分段冻结法对管幕之间约35cm的土体进行冻结,形成隔水帷幕,起到止水作用,然后进行暗挖施工,保证了隧道施工及运营安全,控制了地表变形。管幕布置及周边环境如图4-4所示。

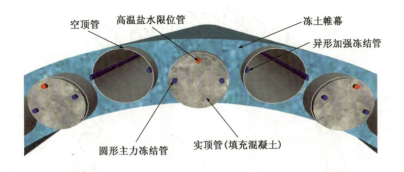

图 4-3 冻结管路横断面布置图

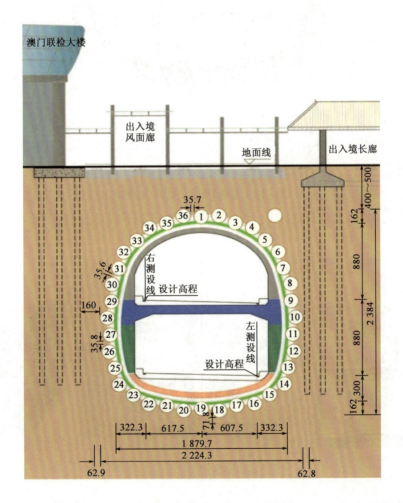

图 4-4 管幕布置及周边环境(尺寸单位:cm)

(3)隧道开挖断面 336.8m²,为解决大断面开挖稳定性和安全问题,采用 5 台阶 14 部开挖工法施工,如图 4-5 所示。

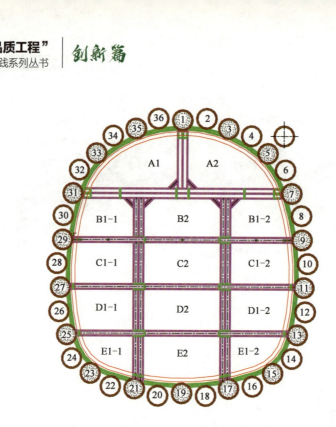

图 4-5 分台阶分部开挖

（4）拱北隧道因其结构特殊，左右洞之间未设计车行横洞连接，为解决消防及救援逃生问题，通过设置逃生楼梯、救援电梯及巨大的空腔作为逃生通道，确保了人员第一时间安全疏散逃生。根据拱北隧道双层的结构特点，在国内首次构建了包含逃生空腔、逃生楼梯、消防电梯在内的立体疏散体系，解决了双层异形隧道人员疏散困难的技术难题，如图 4-6 所示。

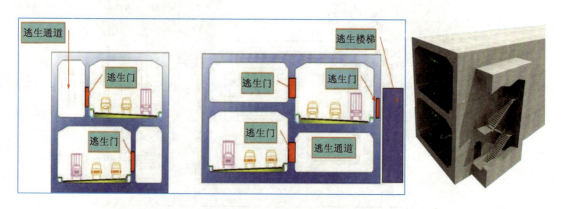

图 4-6 拱北隧道逃生空腔断面及逃生楼梯示意图

（5）结构防排水措施。一是拱北隧道工作井在建设期利用负四层空间增设排水泵房，泵房设计时又考虑长期运营可能面临的各种不利情况，选用"装一预三"的方案，具备较强的排水扩展能力。二是拱北隧道以混凝土自防水为主，最低等级 P8，并采用 HDPE 防水卷材全包防水设计,变形缝位置设置新型止水带,设置水泥基渗透结晶防水涂料、沥青木丝板等拒水材料。工作井端头,创新性的采用T形防水接头,将暗挖段防水单独分仓,有效解决暗挖段与明挖暗埋段防水结构不连续的问题。三是拱北隧道新型止水带结构,采用可排式止水带,并在三元乙丙止水带中添加5%的石墨提高止水带耐化学腐蚀性。

(6)风险管控。邀请国际咨询公司开展初步设计阶段风险评估,从源头上规避和控制由于设计缺陷导致的安全风险,优化设计方案。针对关键控制性工程拱北隧道技术难度大、安全风险高等特点,在初步设计后增加了技术设计阶段,采取三阶段设计模式,深入开展相关关键技术问题的研究。

三、达成效果

为解决该新工法在设计、施工中的难题,组织开展了港珠澳大桥珠海连接线隧道工程关键技术研究,研究内容包括了复杂条件下长距离曲线顶管及管幕施工关键技术研究、临海环境高水压下超长水平冻结止水帷幕施工关键技术研究、复杂环境下浅埋超大断面隧道施工变形控制技术研究、临海隧道结构防水技术及其应用研究、临海隧道软弱土灾变特性及注浆控制技术研究、临海敏感地区软弱地层超大跨浅埋隧道邻近构筑物及环境保护研究、软弱地层中管幕法隧道施工工法研究、临海敏感地区软弱地层明挖隧道建设关键技术研究、高风险公路建设项目施工阶段安全风险管控研究、异形结构隧道通风及防灾救援关键技术研究等多方面的研究,提出了相应的解决方法,采取了诸多创新措施,达到如下效果:

(1)空间曲线管幕顶管施工突破了直线平曲线管幕的限制,创造了动力管幕顶管长度新纪录,完善了动力管幕工法,拓展了应用范围。开发了富水砂砾软土层顶管技术及相关设备,提出了合理的精度控制指标,解决了顶管应急处置、顶管泥浆技术及控制等技术难题。

(2)首创了由常规冻结管、异形冻结管和限位冻结管构成的"管幕冻结法"冻结体系。提出了管幕冻结效果控制方法,揭示了管幕冻结帷幕形成规律,提供了管幕—冻土复合结构在实际工程中的安全保障。

(3)提出了复杂地层和建筑变形控制技术、"多层多部开挖、立体交叉作业"组织模式和安全风险管控措施,为类似工程提供了借鉴参考。

(4)首次完成了管幕冻结法大型物理模型试验和现场试验,揭示了管幕—冻土复合结构的力学性能和破坏特征,提出了管幕冻结施工全过程的冻土帷幕动态控制方法和冻胀融沉控制方法。

(5)首次采用离心机非停机分块排液开挖方式模拟管幕冻结条件下大断面暗挖施工

工序,揭示了不同开挖步骤、不同循环进尺条件下地层和建筑物变形规律,并结合数值模拟、理论分析等手段确定了拱北隧道五台阶十四部的暗挖方案。

(6)建立了临海隧道结构防排水体系,提出了合理的变形缝间距,研发了排导功能新颖的止水带,并在工程中成功应用。

(7)首次构建了双层隧道立体应急疏散体系,建立了包含隧道逃生空腔、逃生楼梯、消防电梯在内的逃生区域紧急通风计算标准和模型。

(8)第一次研究了典型高水压复合软土地层条件下超大断面暗挖隧道曲线顶管管幕和冻结工法工、料、机消耗,并编制了相应的预算定额,填补了公路行业典型高水压复合软土地层条件下超大断面暗挖隧道大直径曲线顶管管幕和冻结工法预算定额的空白。

(9)完成技术指南/专著5项,发表学术论文59篇,其中SCI收录14篇,EI收录17篇,其他基本为中文核心收录,发明专利6项。2018年,拱北隧道荣获2018年度国际隧道协会"杰出工程"入围奖,"拱北隧道成套关键技术与应用创新研究"成果获2018年度中国公路学会科学技术一等奖,总体为世界先进水平。

第二节 大吨位转体桥技术

一、条件分析

英红特大桥上跨京广高铁转体桥梁是汕昆高速公路龙川至怀集段全线的重点、难点工程,转体梁体长度150m,相当于50层楼高,桥面宽度31.7m,相当于10层楼高度,单幅转体重量达13 500t,与一艘轻型航母重量相当,是国内首例超大吨位双幅高速公路同步转体跨越高速铁路的转体桥梁。

转体桥梁双幅同步转体施工要求精度高,转体完成后左右幅桥梁间距仅50cm。桥梁的转体施工工艺在铁路上应用较多,但在高速公路建设领域,尤其是在跨越时速高达350km/h的高速铁路,无论是在国内还是国外都尚属首例。同时,由于项目地处灰岩地区,岩溶极其发育,岩溶率达80%以上,桩基施工难度高。且施工过程靠近京广高铁繁忙干线,每天有116.5对高铁运行通过,临近运营高速铁路进行桥梁施工安全风险高、施工难度大。英红特大转体桥转体过程如图4-7所示。

a) 英红特大桥待转体中　　　　　　　　　b) 英红特大桥待转体完成后

图 4-7　英红特大转体桥转体过程

二、创新措施及达成效果

2018年1月26日凌晨,广东省龙川至怀集公路关键控制性工程——英红特大桥(上跨京广高铁转体桥)主桥经过70min紧张施工,梁体实现了华丽的转身,精准到达了预定部位,圆满实现首例高速公路桥梁转体跨越高铁施工,这也为践行高速公路建设的广东标准、中国速度,为后续类似施工提供了借鉴。

(1)施工技术创新方面:如果采取传统的上跨现浇工艺,必定会加大高铁运营的安全风险,同时也会延长施工工期。然而采取转体施工技术则具有对高铁运营干扰小以及大幅度加快施工进度的优势(该桥采取转体施工缩短工期6个月)。

(2)施工精度控制方面:转体梁的关键技术在于转体系统的精确安装,球铰是转体系统的核心,球铰安装定位及高程控制精度要求较高,必须使用精准度较高的全站仪进行坐标放样,使用电子水准仪进行高程控制。球铰转动中心安装误差控制在1mm内,同一球铰面任意两点相对高程控制在0.5mm以内。

(3)转体速度控制方面:双幅转体连续梁同步转体的关键在于转体速度的控制,转体速度通过电脑及高精度的全站仪进行同步监控,转体速度的快慢可通过电脑数控转体油泵的主机来控制,控制在0.02rad/min,通过全站仪进行直观校核,从而对双幅转体连续梁进行转体速度调整,确保同步转体不发生梁体碰撞事故。

(4)转体角度控制方面:转体角度通过转体速度与转体刻度盘进行同步监控,转体角度可通过转体刻度盘指针指示的转体刻度进行直观读数,采取高精度全站仪进行校核,实现对转体角度进行有效调整,确保转体角度同步不发生梁体碰撞。

(5)转体平衡度控制方面:称配重是平衡转体的基础,由于球铰体系的制作误差或者梁体质量分布差异等,使桥梁两端悬臂段刚度和质量分布不同,从而产生不平衡力矩。因此，为保证桥梁安全、稳妥地转体，在正式转体前需进行转体称配重。采取秤杆称重原理，对双幅转体连续梁分别进行称配重（由于该桥处于曲线上，称重除考虑正常的纵向称重外，还需要考虑横向称重），通过称重的不平衡数据算出配重的重量，确保转体的平衡性。

第三节 大跨、宽幅波形钢腹板连续梁桥

一、条件分析

常规 PC 箱梁需在腹板内布筋，因受力要求会将纵向预应力筋在腹板内设计成曲线形式，导致腹板厚度增加。纵向力筋虽然作用明显，提高了混凝土箱梁的抗弯、抗剪承载力，却也使箱梁自重增大，提高了对桥梁下部结构的要求，并且大跨度混凝土桥梁结构的腹板开裂、此位置的混凝土未能充分发挥其性能一直是较难解决的突出问题。波形钢腹板组合箱梁桥合理地将钢板和混凝土这两种物理性质完全不同的材料结合起来，在提高结构的强度和稳定性的同时，也提高了材料的利用率。另外，由于利用波形钢板作为腹板，采用了箱梁内部体外预应力的技术，使得主梁重量大大变轻，其下部结构的工程量因而也减少很多，解决了传统的预应力混凝土箱梁腹板易出现裂缝的问题。

波形钢腹板桥梁，随着桥梁跨径的增大，腹板的高度也相应增高，因此破坏形式也由混凝土的腹板的强度破坏转变为波形钢腹板的失稳破坏。在大跨径波形钢腹板 PC 箱梁桥的设计过程中，波形钢腹板的屈曲极限承载力已上升为制约设计跨径的关键因素。只有更加深入地了解和掌握波形钢腹板 PC 箱形桥梁腹板的稳定性影响因素和其变化规律，并提出改善大跨径波形钢腹板 PC 箱梁桥腹板稳定性的新措施，为波形钢腹板 PC 箱形桥梁的设计提供参考，才能突破波形钢腹板 PC 箱形桥梁跨径增大的瓶颈。前山河特大桥位于港珠澳大桥珠海连接线上，采用大跨度、宽幅波形钢腹板 PC 连续梁桥，主桥布置为 90m + 160m + 90m，纵向采用全预应力结构，主梁为单箱单室截面，单幅宽 15.75m，属国内已建和在建同类型桥梁中跨度最大，为了保证如此大跨度的波形钢腹板组合梁桥合理性与安全性，开展了力学特性、构造、工艺等方面的研究，如图 4-8 所示。

二、创新措施

（1）波形钢腹板由专业生产厂家分块预制（如图 4-9 所示），完成后运送至现场组合安装。该桥很好地利用了钢与混凝土的优点，提高了结构的稳定性及材料的使用效率，解决

了传统的预应力混凝土箱梁腹板易出现裂缝的问题。前山河特大桥天蓝色涂装如图4-10所示。

图4-8　前山河特大桥主桥

图4-9　波形钢腹板预制加工

图4-10　前山河特大桥天蓝色涂装

（2）针对前山河特大桥等特殊结构物，项目在工程建设阶段即引入健康监测单位，建立监测系统，结合结构特点编制养护手册，做到建养监测数据连续不间断，有效解决建管分开造成的脱节问题。前山河特大桥结构健康监测系统如图4-11所示。

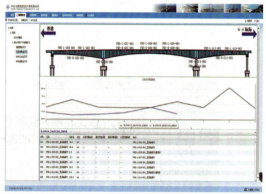

图 4-11　前山河特大桥结构健康监测系统

（3）应用板壳与箱形理论、有限元数值仿真和模型试验等相结合的方法，开展对前山河特大桥的整体和局部特性进行研究，其间成功研发了波形钢腹板箱梁扭转试验设备，并进行了波形钢腹板箱梁极限抗扭承载能力试验，得到了准确的预测模型。

（4）进行带有纵向波折加劲的 I-型截面波形钢腹板梁的开发和研究，在波形钢腹板的 1/3 和 2/3 高度处设置两道纵向波形加劲肋，以有效提高其屈曲破坏承载力，解决波形钢腹板应用于梁高超过 9m 的大跨宽幅混凝土箱梁存在的屈曲稳定问题。

（5）前山河特大桥采用体内与体外相结合的预应力体系，有效减少了结构内预应力筋的数量，有利于体内预应力钢筋和普通钢筋的布置，可提高混凝土施工质量。对于桥梁后期养护也较方便，在体外预应力体系出现问题时能够及时更换。同时，波形钢腹板采用硅烷浸渍进行防腐处理，有效保证了桥梁用钢的耐久性。

（6）编制了前山河特大桥上部结构施工技术指南、质量控制及质量评定标准文件。

三、达成效果

（1）通过理论分析和试验研究较好地解决了特大跨度波形钢腹板屈曲稳定问题；完善了钢混组合腹板设计理论；提出了带加劲肋的新型波形钢腹板构造方案；首次提出了 2 400 型大高波形钢腹板设计参数；优化了波形钢腹板箱梁桥横隔板间距。同时采用波形钢腹板预应力混凝土连续梁桥方案解决了传统预应力混凝土箱梁腹板易出现裂缝的问题。

（2）编制的施工技术指南及质量评定标准文件，不仅为前山河特大桥主桥波形钢腹板连续梁桥主桥上部主体结构施工提供控制依据，而且也为同类型桥梁施工提供借鉴与参考。

（3）发表学术论文 8 篇，其中核心期刊 5 篇，一般期刊 3 篇；授权专利 4 项。

（4）基于项目开展的"大跨、宽幅波形钢腹板预应力混凝土连续桥梁桥设计与施工关键技术研究" 3 项课题获得首届（2018 年）广东省公路学会科学技术奖二等奖。

第四节 路面倒装结构应用

一、条件分析

我国高速公路95%以上为半刚性基层沥青路面,半刚性基层易产生温缩和干缩裂缝。沥青碎石+级配碎石组成复合柔性基层,由于强度较低的级配碎石层结构下方有强度较高的水泥稳定级配碎石基层,上部有强度同样较高的沥青碎石基层,俗称倒装结构,由于其优良的抗裂性能,可大大延长高等级公路的使用寿命。为防止或减缓沥青层反射裂缝,采用热拌或冷拌沥青混合料、沥青贯入式碎石以及不加任何结合料的粒料类等材料铺筑的倒装结构形式。但现行的《公路路面基层施工技术细则》(JTG/T F20—2015)在设计与施工方面所述内容较为简略,各地在实际应用过程中一般根据各自的条件和经验进行设计和施工,缺乏地域针对性的项目实施技术指南。

二、创新措施

(1)新博高速主线10km试验段采用复合式柔性基层设计(倒装结构),路面结构为36cm水稳底基层+12cm级配碎石基层+16cm ATB-25上基层+6cm AC—20中面层+4cm SMA—13上面层,倒装结构设计图与道路基层施工如图4-12和图4-13所示。

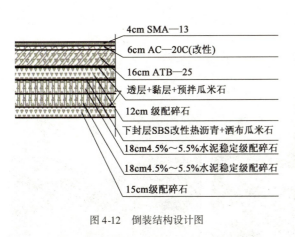

图4-12 倒装结构设计图

图4-13 级配碎石基层施工

(2)为更好推进该技术在广东省高等级公路建设中的应用,有利于技术成果共享和转化,项目组织开展了《广东省沥青路面倒装结构级配碎石基层施工技术指南》课题研究。

三、达成效果

编制的《广东省沥青路面倒装结构级配碎石基层应用技术指南》,为广东省倒装结构级配碎石基层及该基层顶面保护层的设计、施工、质量验收及管理提供了可推广、可复制经验。

第五节 下穿铁路四孔并行箱涵顶进技术

一、条件分析

仁新项目框构桥位于赣韶铁路区间直线上,顺铁路方向全长62.447m,垂直铁路全长18.0m。填土高12m左右,路肩宽度为7.8m,线路坡度为6.0‰,线路为60kg/m钢轨混凝土枕,电力牵引线路。桥涵在既有赣韶线路基下采用单侧顶进法施工工艺,通道顶推工艺如图4-14所示。工程面临四大难点和挑战:

(1)(10+15×2+10)m四孔并行顶进框构桥是迄今为止广东省高速公路下穿既有铁路顶进框构桥跨径最大的构造物,开挖净空亦属全国罕见。

(2)下穿顶进框构桥采取单侧顶进,顶进轴线偏位误差为150mm,高程偏位为+40mm~-150mm,控制难度大,而顶进后的误差无法纠偏。

(3)线路采用D24型钢便梁加固,地质条件复杂,对保障既有线行车安全构成重大挑战。

(4)顶进施工面临技术、地质条件复杂、施工期南方多降雨、工期紧等不利因素,为仁新项目全线高风险防控点和重难点工程。

图4-14 下穿铁路通道实施图

二、创新措施

（1）原设计采取双侧顶进，后优化改为单侧顶进施工工艺。

（2）集中预制、顶进时相邻孔均可以作为一个导向孔，顶进速率加快，提高顶进精度控制。

（3）随着顶程增加，在顶铁之间安装预制好的混凝土条形预制块，增加顶铁稳定性，防止顶铁凸起或者偏位。

（4）靠前指挥，加强统筹，与广铁集团各处室、站段密切沟通，在保障既有线行车安全的前提下，加大多种资源投入，节假日不间断施工。

三、达成效果

（1）(10+15×2+10)m 四孔并行顶进框构桥是迄今为止广东省高速公路下穿铁路顶进框构桥跨径最大，一次顶进距离最长 45.07m，顶推力最大达 21 423kN，创造了多项纪录。

（2）施工过程中不断优化施工方案、工序和工艺，攻克顶推距离长、开挖净空高、既有路基加固、受力体系三次转换等多项技术难题，为建设单位在涉铁高路基施工中推广下穿框架桥顶进技术提供了项目示范，对推动广东省高速公路发展具有重要意义。

第六节　长段落与 500kV 高压线共用走廊

一、条件分析

广中江项目地处珠三角核心地区，沿线城镇高度密集，人口密度大，土地开发程度高，大部分土地已经开发为建设用地，基本没有未利用地，农用地大量划为基本农田保护区。初步设计阶段，在顺德区均安镇、中山市小榄镇、东凤镇、南头镇境内，广东电网公司正在建设 500kV 狮洋至五邑线路和 500kV 顺广乙线单改双工程项目，两条输电线路间距 30 余米，沿线总长超过 17km，工程范围内土地可开发利用率较低，同时现浇梁有 38.349km，预制梁吊装 2 万片，施工安全难度大，安全管理风险高。为节约用地和降低附加成本，广中江高速公路最终确定沿线 17km 采用高架桥与 500kV 高压线共用走廊的方案，有效节约高附加值土地资源上千亩,在国内属于首次采用。实施效果如图4-15所示。

图4-15 实施效果图

二、创新措施

为确保共用走廊段顺利实施,项目通过审查相关设计文件,结合国内外相关研究成果和工程实践,分析广中江高速共用走廊段施工期间和运营期间高压公路和高压线路的相互影响,并从施工安全和运营安全的角度,提出相应的安全措施,形成了《广中江高速公路与500kV高压线路共用走廊段施工安全指南》《广中江高速公路与高压线路共用走廊段安全技术研究报告》等。

三、达成效果

全国首次创新性地实施了与500kV高压线共用走廊节地工程。形成了高速公路与高压线路共用走廊施工与安全保障成套技术。项目的实施共节省用地约1 260亩(84万 m^2),对于在经济发达的珠三角地区极大限度的节约和保护了土地环境资源,在广东地区乃至全国进行高速公路与高压线路共用走廊建设工程树立了典范。

第七节　大直径波纹管涵应用

一、条件分析

汕(头)湛(江)高速公路云浮至湛江段及支线工程 K143+100 处,有 3 个自然村的重要通道(常住人口约 1.8 万人),阳化项目践行共享发展理念,主动将解决地方群众出行需求和快速施工相结合,经过综合考虑车流量等信息,采用直径 10m 钢波纹管通道的新型结构,如图 4-16 所示。

图 4-16　波纹管涵

通过调研,目前国内外均没有直径 10m 的钢波纹管通道的应用,且钢波纹管通道管顶填土为 11.64m,填土较高,国内外关于高填方钢波纹管通道研究较少,对建造有一定的挑战性。

二、创新措施

按照波纹钢结构计算体系进行结构稳定性及结构安全性计算,项目防腐设计高于国外标准两倍,且采用热镀锌+热熔塑双重防腐。

三、达成效果

(1)钢波纹管通道不仅可以解决高填方混凝土涵洞的不均匀沉降问题,而且由于轴向波纹的存在可以更大程度上分散荷载的应力集中,更好地发挥钢结构的优势。相比于钢筋混凝土结构,钢波纹管涵洞的建设工期可以大幅度缩短。

（2）采用直径10m钢波纹管通道方，当前为国内高填土直径10m的大孔径钢波纹管通道的首次应用，且形成的高填方大孔径钢波纹管涵的设计、施工方法，填补了国内外空白。为大孔径钢波纹管涵在公路工程中的设计与施工提供一定技术支撑作用。

第八节　预应力管桩大范围应用于桥梁结构

一、条件分析

广中江项目全线总长70.826km，其中有80%以上的路段为桥梁。建设区域地质构造运动微弱，地壳相对稳定，不良地质仅局部发育，总体工程地质条件较好，下部基岩稳定。从具体地质分层而言，地表以下10m深度范围内多为淤泥质层，含腐殖物碎片，局部夹杂细砂。该淤泥质层以下，主要为灰褐色的松散或中密实砂性黏土层，其下部基本为全—强风化花岗岩，厚度从1m到10余米分布不均。

管桩基础的适宜使用地质条件是基岩埋藏深、强风化岩层或风化残积土层厚的情况，广中江项目地质条件和桥梁布设情况具备应用条件，且预应力管桩基础相对于传统灌注桩基础具有经济节省、施工效率高、环境污染小等优势。为降低项目建设成本，同时为提高广东省桥梁建设水平，综合考虑交通运输便利和施工工期顺序等各方因素，经评估，广中江项目在总体里程约为12.3km范围内采用管桩基础。管桩施工如图4-17所示。

二、创新措施

结合项目桥梁比例大、沿线管桩厂较多的特点进行技术攻关，在广东省交通运输厅的支持下，依托《公路桥梁预应力管桩基础关键技术研究》科研课题，对桥梁管桩基础的适应性、承载力特性、设计方法和计算理论、施工控制标准、质量检测等进行研究，编制完成了《广中江高速公路桥梁管桩基础施工技术指南》和《广中江高速公路桥梁管桩基础质量检测与工程验收办法》。

三、达成效果

（1）全线共6个标段采用管桩基础，共计4 982根预应力管桩、总长度达134 250.5m。与传统灌注桩相比，节约55%的资金。经测算，对比普通钻孔灌注桩，广中江高速公路预应力管桩工程共节能 1 980t 标准煤。

图 4-17　预应力管桩施工

（2）开展了《公路桥梁预应力管桩基础关键技术研究》课题研究，编制了施工技术指南与质量验收办法，一方面为大规模预应力混凝土管桩基础应用的优化设计提供参考资料，另一方面完善了预应力混凝土管桩桥梁基础的设计理论与方法、施工质量控制等核心技术。

第九节　STC 钢桥面铺装应用

由 STC 组成的钢—超高韧性混凝土（STC）轻型组合桥面结构，与"钢桥面+沥青铺装"体系相比，优势显著。

（1）桥面结构的局部刚度显著提高，进而能够降低车载作用下钢桥面的应力水平，大幅降低钢桥面板疲劳开裂风险，解决钢桥面铺装层破损和钢结构疲劳开裂问题，并防止钢桥面沥青铺装层频繁损坏。

（2）超高韧性混凝土（STC）结构层，改善了沥青面层受力状态，大大延长桥面铺装的寿命,消除钢桥面铺装破损和疲劳损坏带来的养护压力,在运营期无须更换,将使全寿命期的维护成本大幅下降。

广中江高速公路项目龙溪互通钢箱梁桥梁工程,铺装采用5cm超高韧性混凝土STC+5cm沥青混凝土组合桥面结构,STC施工宽度为9.5m。断面如图4-18所示。实施过程如图4-19所示。

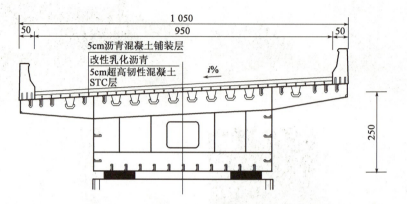

图4-18　设计断面图(尺寸单位:cm)

a)钢筋绑扎

b)STC浇筑

c)高温蒸汽养护

d)STC表面糙化处理

图4-19　实施过程

第五章

科研支撑和专题研究

科研和专题研究的目的是服务于项目建设,省南粤交通公司立足项目实际,从攻克技术难题、突破问题局限和创新等角度出发,从高速公路管理、特高等级护栏、长大坡安全、生态保护利用、BIM 应用等其他方面同样开展了形式各样的科研,组织和开展了科研 43 项(含 69 个方面的课题),在设计和施工中组织开展了各类专题研究,以科研和专题相结合的方式加快成果转化,直接应用于工程实际,解决工程难题,为打造南粤工程品质提供了支撑和保障。以下将针对典型的科研和专题展开探讨。

第一节　桥梁方向科研与专题

一、基于长期性能的高墩大跨连续刚构桥建造关键技术研究

1. 关键问题

高墩大跨连续刚构桥是我国桥梁建设中的一种重要桥型,然而在使用阶段,高墩大跨连续刚构桥易出现主梁下挠过大、梁体开裂、预应力损失等病害,严重影响了结构安全,降低了桥梁的长期性能。这一问题不仅有运营期荷载与外界环境耦合作用的原因,还有设计过程中存在理论缺陷、施工过程中工艺存在缺陷、施工质量未能保证等原因。在建造过程中预先采取有效措施避免长期性能问题,具有操作便宜性、预防高效性及成本节约性等优点。

根据高墩大跨混凝土连续刚构桥的长期性能以及建造阶段施工技术、安全控制的实际工程需求,开展基于长期性能的高墩大跨连续刚构桥建造关键技术研究,对保证施工安全、品质及后期运营养护提供技术支撑和保障。

2. 研究方向

依托汕昆项目龙连段工程开展了基于长期性能的高墩大跨连续刚构桥建造一系列关键技术的研究,如下表 5-1 所示。

项目研究依托工程表　　　　表 5-1

序号	依托工程名称	地　点	规模、任务
1	大埠河大桥	广东省连平县	(82+150+82)m 高墩大跨连续刚构桥
2	蛇背河大桥	河源市东源县	(66+120+66)m 高墩大跨连续刚构桥

基于长期性能的高墩大跨连续刚构桥建造一系列关键技术的研究,主要进行了以下几个方面的研究工作:

(1)《基于全寿命周期的高墩大跨连续刚构桥长期性能影响因素分析》。
(2)《基于长期性能的高墩大跨连续刚构桥安全监测研究》。
(3)《基于长期性能的高墩大跨连续刚构桥施工阶段风险评估研究》。
(4)《基于长期性能的高墩大跨连续刚构桥建造技术指南》。

3. 科技创新成果

以广东省在建的高墩大跨连续刚构桥为工程背景,采用理论分析、有限元计算及实桥测试相结合的方法,开展了基于长期性能的高墩大跨连续刚构桥全寿命周期内影响因素、施工控制指标、施工关键技术、施工安全监测及施工风险评估研究,取得了以下创新性成果:

(1)从设计、施工、维护的角度全面分析高墩大跨连续刚构桥长期性能的影响因素及影响机理,提出全寿命周期内提升结构长期性能的技术和方法。

(2)针对广东省高湿热的环境特点,提出基于长期性能的高墩大跨连续刚构桥施工阶段控制指标。

(3)针对高墩施工及主梁施工中的关键技术问题,从施工方法、线形控制技术、预应力张拉技术、合龙技术等多方面研究施工过程中的关键控制因素及合理施工技术,提出了基于长期性能的高墩大跨连续刚构桥施工关键技术。

(4)对高墩大跨连续刚构桥的整个施工过程进行跟踪监测,建立了结构的安全监测体系;根据高墩大跨连续刚构桥的施工方法和结构特点,提出了基于长期性能的高墩大跨连续刚构桥施工风险评估体系,建立了施工风险预警及规避系统。

(5)通过现场测试、理论分析与数值模拟,构建了提升高墩大跨连续刚构桥长期性能的设计、施工、维护技术体系。

(6)通过课题研究获得发明专利2项,发表论文10篇,其中SCI收录1篇,EI收录3篇。

(7)"基于长期性能的高墩大跨连续刚构桥建造关键技术研究"课题荣获2018年度中国公路学会科学技术奖二等奖。

二、多塔长联大悬臂宽幅脊梁矮塔斜拉桥建设成套技术研究

1. 关键问题

江肇项目西江特大桥为单索面多塔宽幅脊梁矮塔斜拉桥,在同类结构物中,其技术规模位于世界前列。设计、建造及管养中存在的大量技术难关,有必要从设计、施工及养护管理等方面出发,系统研究矮塔斜拉桥在施工、运营过程中相关的技术问题。开展多塔长

联大悬臂宽幅脊梁矮塔斜拉桥建设成套技术研究有助于全面提高矮塔斜拉桥梁的工程质量,系统解决桥梁工程结构的耐久性、可靠性及防灾减灾问题,延长桥梁工程在全寿命期的使用寿命。

2. 研究方向

多塔长联大悬臂宽幅脊梁矮塔斜拉桥建设成套技术研究,主要依托于比较典型的四塔斜拉桥——江肇项目西江大桥。桥长共886m,主跨设计为(128+3×210+128)m,采用墩、塔、梁固结刚构体系,主塔高度为30.5m(含索顶以上4m装饰段),主梁采用预应力混凝土结构,采用变高度斜腹板单箱三室宽幅脊梁断面。主梁顶板宽38.3m,悬臂长8.15m,两侧设5.15m宽后浇带,以使脊梁断面、后浇加劲翼板构件受力特点和斜拉索力纵向传递更为清晰。西江大桥桥梁孔跨布置如图5-1所示,桥梁建成效果图如图5-2所示。

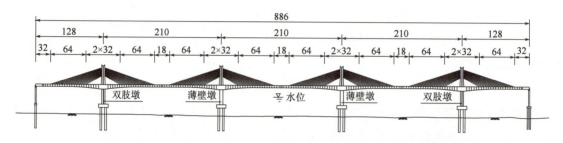

图5-1 西江大桥孔跨布置图(尺寸单位:m)

图5-2 桥梁建成效果图

多塔长联大悬臂宽幅脊梁矮塔斜拉桥建设成套技术涉及上下部结构诸多新问题,其分为四个研究点:

(1)宽幅脊梁矮塔斜拉桥设计关键技术。

(2)岩溶地区季节性河流大直径桩基础施工技术研究。

(3)多跨矮塔斜拉桥大悬臂宽幅混凝土箱梁悬浇及抗裂技术研究。

(4)桥梁混凝土耐久性技术研究。

3. 科技创新成果

(1) 通过理论分析与试验研究,提出了多跨长联矮塔斜拉桥体系的塔跨比、边中跨比、无索区长度、索束布置等参数的合理取值范围,形成了多跨、宽幅、脊梁、刚构体系矮塔斜拉桥设计关键技术。

(2) 采用了混凝土结构耐久性设计的碳化模型,提出了适用于西江环境下的混凝土耐久性设计指标体系,形成了高性能混凝土与外部涂覆多重措施综合的耐久性保障技术。

(3) 全面总结岩溶地质桩基的施工风险与技术经验,提出了高压旋喷帷幕预处理辅以钢护筒的岩溶发育地区强透水厚覆盖层深水环境的钻孔桩施工工艺与方法。

(4) 设计了四主桁菱形挂篮系统,实现了高精度的同步行走和变形控制,解决了超宽幅变截面脊骨箱梁易开裂的施工难题。

(5) 通过课题研究,发表了31篇相关论文,获得了3项发明专利,创新并取得了《大型承台有底钢套箱新型拼装牛腿工法》《深水岩溶区超大直径桩基厚覆砂卵层静压注浆预处理施工工法》《季节性河流桥梁的临时栈桥平台施工工法》《宽幅大悬臂斜腹板箱梁挂篮施工工法》等四套工法。

(6) "多塔长联大悬臂宽幅脊梁矮塔斜拉桥建设成套技术研究"课题获得首届(2018年)广东省公路学会科学技术奖二等奖。

三、双塔三跨双索面组合梁斜拉桥含BIM等专题研究

东雷项目通明海特大桥主桥总体布置为(146+338+146)m双塔三跨双索面组合梁斜拉桥,边中跨比为0.432,桥面全宽为36m,大桥设计采用单孔双向通航方案,主桥通航孔跨径338m,通航净宽不小于270m,上底宽与净宽一致,通航净高不小于28m,侧高与净高一致,桥型布置见图5-3所示。

1. 大桥防船撞技术研究

针对桥梁防船撞问题,希望能够寻求到一种经济、合理的防护措施,做到"既少伤船,又少伤桥,同时又少伤己"。基于这一思想,将船、防撞设施、桥墩三者作为一个系统进行研究,旨在分析柔性防撞设施的合理刚度区间,为桥墩柔性防护设施的设计提供理论依据。

以通明海特大桥为实际工程依托,先后开展了《基于风险概率的通明海特大桥桥墩船撞设防标准研究》《大桥桥墩防撞设施方案研究》《桥墩新型柔性防撞设施设计与试验研究》。主要研究内容如下:基于风险概率的通明海特大桥桥墩船撞设防标准研究、大桥桥墩防撞设施方案研究、桥墩新型柔性防撞设施设计与试验研究(船舶正撞刚性墙动态响应

分析、桥墩与船舶等效刚度计算统计、提出柔性防撞设施合理刚度区间、FRP材料基本力学性能试验、典型节段足尺冲击试验、节段连接强度试验研究及连接结构性能优化分析）。

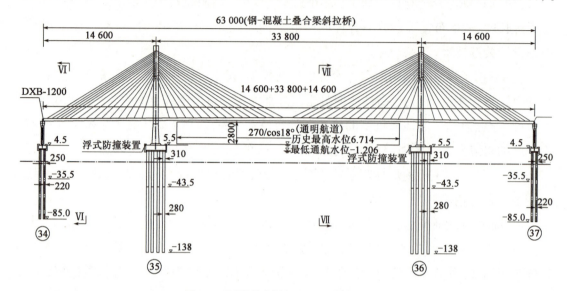

图5-3 通明海特大桥布置图（尺寸单位：cm）

通过开展大桥桥墩柔性防撞设施方案研究，降低了船撞力40%以上的防护指标，获得了柔性防撞设施的合理刚度区间。

2. 湛江组深厚黏土地质超长桩承载机理研究

通明海特大桥位于湛江组地质层，由于砂土和黏土反复沉积厚度最大达到250m，桩底持力层无法达到岩层，桩基的承载特性表现为摩擦桩。对于此类超长桩，桩侧摩阻力沿桩长是逐步发挥且桩侧摩阻力分布复杂，桩土界面还存在剪切弱化现象。现有规范对桩承载力的计算方法没有考虑到超长桩这种侧摩阻力发挥的非同步性，也忽视了桩土界面弱化的影响。利用现有规范计算超长桩承载力有一定偏差，要合理确定桩长难度较大。因此，研究超长桩桩土界面剪切特性，明确超长摩擦桩承载特性，指导实际工程中超长桩桩径、桩长和桩数的优化，仍是一个重要的热点研究课题。

此课题对桥梁超长桩的承载特性和摩阻力发挥情况进行了现场试验，从而明确超长桩侧摩阻力沿桩长逐步发挥特性以及不同荷载下侧摩阻力的分布规律，得到湛江区域典型条件地质下的桩土界面非线性剪切参数，提出了一套能考虑桩土界面剪切软化的超长桩承载力计算方法。

3. 热带海洋性季风区跨海桥梁耐久性关键技术研究

通明海特大桥属于特大跨海桥梁，桥址处于华南热带海洋季风区，常年气温高、湿度大，海水含盐度高等，且当地多台风、热带风暴等灾害性气候，每年平均台风3、4次，自然环境异常恶劣,给桥梁混凝土结构耐久性设计、施工质量控制及后期维护提出了更高的要求。伴随我国桥梁技术的进步,对于严酷环境下的跨海桥梁建造已有一定的技术储备与工程实践经验,但不同跨海桥梁结构形式、环境条件对耐久性影响具有很强的不确定性,需针对工程结构和环境特点,建立适合于工程特点的耐久性设计方法;此外,外界荷载、施工质量波动、环境变化、材料性能劣化等均显著增大了耐久性的不确定性,采取合理的技术手段,应在运营期加强结构的耐久性科学维护工作。因此,为保障本通明海特大桥100年的设计使用寿命,必须制定合理的耐久性控制指标,采取可靠的防腐措施,制定科学长期安全监测方案,并辅以有效的管养系统,以满足桥梁的设计使用寿命要求。

针对热带海洋性季风区跨海桥梁混凝土结构耐久性问题,通过对湛江海湾大桥耐久性技术状况现场调研和华南海港工程耐久性暴露试验,分析了混凝土结构耐久性影响因素,基于荷载混凝土室内试验,研究了压荷载对混凝土氯离子扩散性能的影响,建立基于同条件的混凝土结构耐久性服役寿命设计方法,有效解决工程结构耐久性设计可靠性不足的技术难题。

4. 基于BIM技术的跨海桥梁长期服役安全监测方法研究

在桥梁项目中引入BIM技术,充分利用BIM技术信息化水平的手段,在施工阶段,提前发现施工中存在的问题,检查施工过程;同时在后期的运营养护中,集成统一的数据模型,为桥梁运营和分析提供模型和数据。因此将BIM技术引入斜拉桥项目的施工和运营养护,可以充分利用BIM技术的可视化以及信息的管理,保证桥梁结构的安全建设和健康服役。

研究基于通用BIM软件——Revit,将BIM技术应用于钢箱叠合梁斜拉桥的施工和运营养护管理中。利用BIM技术的可视化及信息集成的特点,将理论计算同BIM技术相结合,为斜拉桥施工中的部分难题提供了计算理论和可视化指导,也为桥梁运营养护管理工作提供了高效可行的BIM功能模块设计。

主要研究成果:

(1)基于BIM建模软件——Revit,提出钢箱叠合梁斜拉桥各构件的族建模方法。利用族样板建模、体量建模、参数化插件建模和二次开发建模等四种不同方法创建族构件库,并结合构件特点进行参数化设计,建立参数化族构件,大幅提高BIM建模效率。最后完成了全长5km的通明海特大桥的斜拉桥主桥和引桥的高精度BIM建模,丰富了桥梁的族构件库,为该类桥梁的BIM建模提供了有益参考。

(2)基于斜拉索的悬链线静力状态,推导得到挂索全过程的瞬态索形和水平分力的高精度计算公式,并确定得到挂索张力和牵引杆长等关键施工参数数据。进一步采用C#语言和Revit API进行二次开发,实现基于BIM平台的斜拉索高精度建模,斜拉索和梁、塔套

筒间的碰撞检查，以及挂索施工过程的高精度仿真模拟，辅助设计校验和施工交底。

（3）在 BIM 平台上，开发完成人工与自动桥检数据集成、桥梁评估和状态预测功能模块，初步实现 BIM 技术在桥梁运营养护管理阶段的有效应用。采用 C#语言和 Revit API，编程实现人工巡检与 BIM 模型间的数据交互，以及关键巡检数据的可视化表达；编程实现 BIM 模型数据提取，并结合桥梁技术状态评定方法和马尔可夫过程预测方法，实现桥梁状况评估和状态退化预测，完成数据的可视化表达和统计计算；编程实现传感器自动监测数据的查询和查看。

5. 大桥养护管理手册及养护信息系统研究

海洋环境下桥梁结构物在运营过程中，由于受到大气温湿度变化、海洋盐雾等自然因素的影响以及承受繁忙交通荷载，甚至自然灾害或人为灾害侵袭，会使得桥梁构件在没有达到设计使用年限就产生不同程度的病害和损伤，甚至有些桥梁在运营期间出现重大事故，暴露出桥梁运营期的安全维护问题非常突出。通明海特大桥跨径大、结构复杂，所处环境为海洋环境，桥管养工作同样会面临上述现象，对运营期管养工作将提出很高要求。

基于上述原因，通过开展多个专题研究，编制形成《通明海特大桥养护手册》，并开发与之配套的"通明海特大桥养护信息系统"。

通过专题研究，得到了如下技术创新点：

（1）在风险评估基础上，提出一套预防性养护决策方法体系。

（2）首次研究并提出跨海斜拉桥关键结构构件的预防性养护成套方法，并在此基础上编制相应的桥梁养护手册。

（3）首次在基于风险评估和预防性养护技术上，开发形成一套集服务器端、网页端和手持终端的跨海斜拉桥养护信息系统。

四、预制梁在匝道桥中的适用范围专题研究

现浇梁有其明显的缺点，如造价过高、施工难度大、安全隐患大、工期较长等。与现浇梁相比，预制梁经济性好、施工方便、工期和质量容易得到保证等诸多优点显而易见。

仁新项目路线全长 163.9km，共设有 11 处互通式立交，其中 3 处枢纽式互通立交。为控制造价、降低施工难度和风险、确保工期，采用预制梁代替现浇梁意义重大。然而，由于高速公路上的匝道桥存在平曲线半径较小、跨径不标准、桥宽种类多、变宽等问题，加上地质条件、墩高等因素，预制梁在小半径的匝道桥中的适用情况较为复杂，国内对于该项内容的研究严重偏少，目前尚无相关定论或规定。各家设计单位在这个问题的把握上也是千差万别，基本都是基于经验采用。因此，很有必要对预制梁在匝道桥中的适用范围进行分析和研究。

根据互通桥梁的实际情况,专题重点研究了 8m 和 10m 桥宽及 20m、25m、30m 跨径的小箱梁。从预制梁和现浇梁各自的优缺点、匝道桥预制梁形式的选择及经济跨径的选择等做分析,最后再结合预制梁在曲线上的受力特性分析和线型条件,分析得出预制梁在匝道桥中的应用条件和范围,如表 5-2 所示。

预制梁在匝道中应用条件和范围　　　　表 5-2

跨径 $L(m)$		20	25	30
平均墩高 $h(m)$		18~30	12~20	15~25
		墩高大于 20m 时建议采用预制梁		
软弱地质覆盖层厚度 $h_2(m)$		软弱覆盖层较厚时建议采用预制梁		
平曲线半径 $R(m)$	8m 桥宽	≥150	≥250	≥350
	10m 桥宽	≥200		

五、空心薄壁高墩横隔板设置专题研究

常见的空心薄壁式高墩由过渡段、标准段和横隔板几部分组成,其中横隔板按经验每隔 20~30m 设置一道。目前,在高墩中设置横隔板会带来两方面的问题。其一是当高墩施工至横隔板截面时,需要拆除前阶段内膜,重新安装模板及横隔板钢筋并完成浇筑,方可继续使用升降机具施工。由此可见,横隔板的施工必然造成施工中断,是影响施工工期和施工速度的重要因素。以往的施工实践表明,如果对设置四道横隔板的 100m 高墩进行施工,则横隔板的施工工期超过高墩施工总工期的 25% 以上。其二,目前桥梁工程师们已经越来越重视高桥墩的稳定性问题,为防止局部失稳问题一般采取每隔一定间距设置横隔板的方式对结构予以加强,但并未清晰地认识到横隔板对局部稳定的作用机理、设置的必要性及设置原则等问题,导致实际工程中高墩横隔板的设置比较随意,往往根据经验判断并进行设置。为了探明桥梁高墩中横隔板的作用机理及其设置条件,尽量减少或取消横隔板,以达到提高空心薄壁高墩的施工效率、缩短工期、节省造价的目的,依托项目开展了两阶段的专题研究。

第一阶段研究分析了空心薄壁桥墩的常用施工工法的优缺点以及横隔板对施工效率的影响;系统介绍了空心薄壁桥墩位移、稳定性的有限元计算方法;选取了已建成四座典型桥梁,共计 5 种桥墩,对横隔板设置问题进行了大量的计算分析。计算证明了连续刚构桥稳定性由最大悬臂状态控制,证明了设置横隔板对桥墩整体稳定性、扭转特性等基本无影响,横隔板的主要作用是限制墩壁的横向变形,推迟局部稳定的发生,横隔板对稳定性及极限位移的影响很小,设置横隔板的实际意义不大。

第二阶段研究考虑截面宽厚比、墩高、初始缺陷等因素,通过大量数值分析,探讨了空心薄壁高墩在所有可能荷载作用下的局部稳定问题,对第一阶段研究中提出的局部稳定

临界宽厚比计算公式进行了修正,扩大其适用范围,为工程中的桥梁高墩进行横隔板设置提供了依据。

六、立交总体布局及方案专题研究

广中江高速公路项目是珠三角高速公路网重要的加密线,途经江门、佛山、中山、广州四市。项目中共计19处互通立交,布置密集(最小间距2.187km,最大间距5.29km),工程造价高,且珠三角核心区域土地资源紧缺,而立交总体布局是控制整个路线和用地的主要因素,为控制项目总体规模,控制投资和节约土地,开展立交总体布局及方案专项研究。

通过调查项目所在区域路网和水网现状及路网远期规划,结合工可报告、初测外业验收等相关资料,进一步分析了项目总体交通功能与项目互通转向交通量分布。根据交通量成果,结合路网各节点交通需求,优化了全线互通立交总体布局情况。根据立交功能、定位及单个互通转向交通量分析,参考初测外业验收会议专家审查意见,权衡工程规模、征地拆迁及对城市规划布局的影响等多方面因素,对互通立交具体方案进行研究,提出优化方案。

七、大跨径混凝土斜拉桥健康监测与评估技术专题研究

开展大跨径混凝土斜拉桥健康监测与评估技术专题研究,通过健康监测系统及时掌握大跨度斜拉桥的工作状态,弥补人工检测的滞后性和低效性的不足,为在建桥梁和已运营桥梁的安全施工和健康运营提供技术支持,对维护桥梁安全,延长桥梁寿命都有重要意义。

桥梁健康监测系统中,传感器优化布置、模型建立与更新、信息处理、环境激励下的模态参数识别、损伤识别方法、状态评估,此专题围绕健康监测这6个关键问题展开研究,斜拉桥状态运行如图5-4所示。

图5-4 斜拉桥状态运行图

通过开展大跨径混凝土斜拉桥健康监测与评估技术专题研究,提出了传感器优化算法,优化了加速度传感器并节省了工程造价。研究开发的车辆荷载模拟、模型修正、实时在线模态识别及损伤识别子系统直接运用于斜拉桥健康监测系统数据分析。研究的基于 Imote2 智能无线传感器网络技术直接运用于斜拉桥的模态参数识别和索力计算。开发了 Web 巡检养护系统和移动端巡检终端直接运用于斜拉桥运营阶段养护工作,为斜拉桥精细化检测评定和数字化养护管理提供了技术支撑。

第二节 其他科研和专题

一、基于 BIM 技术的特长隧道多维度信息平台研究

(一)关键问题

隧道施工是高度动态的过程,尤其是矿山法施工的复合式衬砌隧道作业面多、工序转换复杂、交错施工,对现场施工进度、施工质量、施工安全等管理要求高。目前隧道施工现场管理的技术手段相对落后,难以实现精细化管理和精益施工,普遍存在的问题主要有:①各专业之间的信息沟通不及时、不顺畅,形成"信息孤岛",产生施工冲突,影响施工质量;②施工方对设计意图的理解有偏差;③设计、施工成果丢失,使得信息不能共享,效率低下,不能有效地用于后期运维管理。任何一个环节出现延迟或错误,都会引起工期拖延、质量隐患、甚至出现安全事故。

随着 BIM 技术在施工阶段的逐步应用,可完美解决上述问题,其核心是解决信息孤岛问题,实现信息共享,使工程信息在规划、设计、施工和运维全过程中充分共享、无损传递,以便技术人员能够对工程信息做出高效、正确的应对,改变施工管理模式,提高项目管理水平。

(二)研究方向

连英项目以金门特长隧道为依托,组织开展了基于 BIM 技术的特长隧道工程管理平台研究,主要研究内容有:

1. 隧道工程三维地质模型与数据管理技术

将隧道工程中所有地层数据,包括空间位置、地质属性、勘探数据等建立分层地质模

型,符合隧道专业设计的要求,与隧道专业设计成果进行整合。对地质模型修正、局部重构的功能,逐步优化三维地质模型的精度,满足隧道工程管理要求。

2.隧道工程结构BIM模型与构件编码体系

(1)面向对象的隧道工程BIM模型构件库研究

为实现隧道工程BIM模型数据整合,需根据隧道工程结构设计及施工方法、工序等,研究面向对象的隧道工程BIM模型构件库。按照隧道工程结构空间关系,划分不同构件,定义构件的空间形状和信息属性,创建项目构件库,最后通过组装构件形成模型。

(2)隧道构件统一编码体系的搭建

为了实现构件编码标识数据、分类排序和易于计算机处理的功能,在搭建隧道构件统一编码体系时应遵循唯一性、稳定性、简明性、可操作性等设计原则。基于隧道工程构件统一编码体系对隧道BIM模型构件进行编码和语义关联处理。

(3)基于BIM技术的隧道工程三维模型开发

通过提取二维设计文件中隧道平纵曲线信息,拟合生成空间曲线;构建隧道各类支护断面类型模板库;以空间中心线驱动,生成隧道主体结构三维模型;结合衬砌交叉口、人车行横通道等设计,局部重构模型,逐步形成精确的隧道工程三维信息模型载体。

3.跨平台隧道BIM工程信息管理系统

(1)三维地质模型和隧道结构BIM模型的整合

将包含各种地层信息的三维地质模型与隧道结构BIM模型进行整合,达到隧道专业设计要求,实现通过桩号信息查询围岩等级、地质属性等详勘信息的功能。

(2)工程信息数据库建设

将隧道BIM模型各组成构件对应的唯一编码和分类名称录入到数据库中,再将隧道工程BIM模型构件几何实体与数据库记录进行关联映射,以便在工程信息管理系统进行隧道工程各类信息查询时,可根据唯一编码快速检索。

(3)基于B/S架构的隧道BIM工程信息管理系统

针对隧道工程建设管理用户,开发隧道BIM工程信息4D管理系统,该系统是基于B/S架构,从网页直接登录到服务器打开BIM模型的项目文件,可在PC段、Pad和智能手机等移动端查看管理模型信息,实现隧道的三维浏览、构件查询、图形属性关联、项目信息查询、工程进度信息、工程资料管理等功能,并实时动态管理项目实施过程中的资料与BIM模型,实现施工现场、办公室的协同,保证项目建设质量。

(三)科技创新成果

围绕打造基于BIM技术的特长隧道工程管理平台的目标,以金门隧道为依托,针对特长隧道建设过程中由于技术复杂、不可预见性风险因素多等影响因素引发施工质量、安全事故，或因施工效率低下而延误工期的问题，开展隧道工程结构 BIM 模型与构件编码体系、4D 信息模型、隧道 BIM 工程信息管理系统等的研究，搭建了一个基于 BIM 技术的特长隧道工程管理平台，为金门隧道等高速公路隧道施工制定信息化、智能化的管理体系，如图 5-5 所示。

图 5-5　特长隧道工程管理平台

该成果是广东省第一座基于 BIM 技术搭建的公路隧道工程信息管理平台，以 BIM 技术实现图示化管理，建立隧道围岩三维地质信息库，完成一整套针对公路隧道的编码体系，与实际工程结合，建设管理平台便于进度、质量控制。收集了典型隐患地段信息，平台集成了衬砌类别、围岩级别、不良地质、施工变更、会议纪要等信息，便于运营养护管理。

该成果获 2018 年首届中国公路学会交通 BIM 工程创新奖。

二、高水位下断裂破碎带隧道掘进及限制性防排水技术研究

揭惠高速公路小北山 1 号隧道属于特长隧道全长 3 008m，为揭惠高速控制性工程之一。隧道 K16+400~K16+550 为龙潭峰水库段，该段隧底高程 55.7~58.4m。由于隧道开挖过程中改变了天然地下水的补径排条件，隧道成为新的局部排泄基准，从而可能会出现局部渗水和漏水现象，尤其是 ZK16+450~K16+600 段存在 F3 区域大断裂，该断层处围岩破碎，裂隙发育，工程地质复杂，属于Ⅳ、Ⅴ级围岩，容易发生塌方、涌水、水资源流失、破坏生态环境等不良情况。因此，结合小北山 1 号隧道工程实际，开展了毗邻水库的高水位下断裂破碎带隧道掘进及限制性防排水技术研究。

课题以揭惠高速公路小北山 1 号隧道为依托工程，基于龙潭峰水库与小北山 1 号隧道施工的相互影响，采用理论分析、数值模拟、室内与现场试验、施工监控量测及工程应用相结合的研究手段，全面系统地开展毗邻龙潭峰水库的高水位下断裂破碎带隧道掘进及限制性防排水技术研究。项目紧密结合依托工程，针对 F3 断裂破碎带隧道掘进施工中的

关键技术与难题，采用理论分析、数值模拟、室内与现场试验、施工监控量测及工程应用相结合的研究手段，深入开展毗邻龙潭峰水库高水位下断裂破碎带隧道掘进及限制性防排水技术研究：研究小北山1号隧道建设与龙潭峰水库的相互影响；基于现场爆破试验及爆破震动效应数值模拟分析，研究提出了高水位下断裂破碎围岩隧道减振控制爆破技术及减振爆破技术参数，控制了断裂破碎带围岩的变形，避免了爆破施工对龙潭峰水库的影响；基于现场监控量测成果的围岩变形预测及二衬混凝土施作时间分析，提出了高水位下软弱断裂破碎围岩二衬混凝土最佳施作时间，保障了隧道快速掘进施工安全和围岩及支护衬砌结构的稳定；基于小北山1号隧道与毗邻龙潭峰水库的相互影响，研究提出了高水位下软弱断裂破碎围岩隧道"限制性防排水"注浆施工技术措施及注浆圈层参数，及超前帷幕注浆单孔注浆结束标准，从而确保了超前预注浆质量和注浆效果，有效地控制了断裂破碎带的排水和隧道涌水量，减小了隧道施工对龙潭峰水库及周围环境的影响；研究高水位下断裂破碎围岩地质超前预报技术，及时预报隧道掌子面前方和周边含水构造体及可能出现的地质灾害，并提出相应的防治措施。确保了高水位下F3断裂破碎带隧道的顺利施工及龙潭峰水库的正常蓄水与安全运营。

三、高速公路管理与服务设施"两型"建设技术专题研究

结合仁博高速服务区和管理中心特点，从安全舒适型服务区优化设计、节约高效型污水处理技术、服务区生态景观设计、绿色舒适型照明技术、绿色能源应用与微网管控技术、服务区雨水回收循环利用技术和绿色建筑建造技术七个方面，深入研究高速公路管理与服务设施"两型"建设成套技术方案，将仁博高速公路管理与服务设施打造成广东省首个安全舒适型和绿色低碳型"两型"高速公路节能减排示范区。

项目成果的主要创新性体现在以下两个方面：

（一）技术创新成果

结合仁博高速公路沿线服务区污水特征，通过技术对比分析，首次提出基于陶土材料的生物速分球工艺及微动力高速公路服务区污水处理新技术，相对于传统污水处理技术，污水处理流程简化，滞留时间短，运营成本低，在同样占地面积前提下，污水处理能力提升了30%以上，缓解甚至解决节假日小汽车免费通行期间的高速公路服务区污水处理负荷急剧增大造成的常规污水处理设备易堵塞和瘫痪的问题。

（二）理念创新成果

首次结合低碳理念，以固碳能力为核心提出了仁博高速公路沿线管理与服务设施绿

化与生态景观设计方法，在打造绿色景观的同时，最大限度发挥单位面积绿化吸碳能力，通过管理与服务设施"碳补偿绿地"的设计体系，打造生态型"碳中性"公路管理与服务设施，补充和丰富以往高速公路沿线管理与服务设施仅以绿化造景、灌木树种为主要的传统设计内容。

四、特高等级景观钢护栏应用技术专题研究

桥梁护栏主要功能为防止事故车辆穿越翻越、保护乘员不受到严重伤害。龙怀项目东江大桥横跨水资源护区，如果桥侧护栏不能有效防护事故车辆造成车辆坠落，在造成人员伤亡财产损失的同时，还会污染水资源，后果不堪设想，因此桥侧应设置最高防护等级桥梁护栏，提高安全储备。鉴于东江大桥的特殊防护需求，应设置规范规定的最高等级桥梁护栏，因此有必要将桥梁防护等级由原设计的SS级桥梁护栏优化为安全性能满足要求的HA级桥梁护栏。

东江大桥主桥及部分引桥段上跨东江和205国道，东江为V级航道，大桥全长991m，其中主桥段采用预应力混凝土变截面连续刚构，引桥段采用预应力混凝土小箱梁。优化后的栏杆效果如图5-6所示。

图5-6　护栏优化后的效果

按照规范的最新要求研究开发了一系列新型交通安全设施，其中特高等级景观钢护栏主要应用于特殊防护需求路段，采用小客车、大客车、整体货车、拖头货车系统碰撞评价其安全性能，各项指标均满足《公路护栏安全性能评价标准》(JTG B05-01—2013)的要求，达到了规范规定的最高防护等级HA级(防护能量760kJ)。同时特高等级景观钢护栏结构设计新颖、造型美观，景观效果通透，其造型具有"以人为本"的寓意。

五、A 级波形梁护栏防护性能分析和新产品研发专题研究

目前 A 级波形梁护栏在我国高速公路中应用最为广泛，A 级波形梁护栏是半刚性护栏的主要代表形式，由相互拼接的波纹状钢板和立柱构成连续梁柱结构，利用土基、立柱、波纹状钢板的变形来吸收碰撞能量，从而迫使失控车辆改变行驶方向，阻止车辆越出路外或进入对向车道。在原 A 级的基础上，对 A 级护栏的更新研究是有必要的。

（一）主要研究内容

1. 原 A 级波形梁护栏防护大客车效果调研

通过现场调研和资料调研，对近年来我国高速公路大客车碰撞原 A 级波形梁护栏引发交通事故案例的事故形态、死伤人数等资料进行统计，从事故发生概率、严重程度等方面出发，分析原 A 级波形梁护栏对大客车的防护效果。

2. 原 A 级波形梁护栏对标准碰撞条件下大客车防护能力试验分析

结合实车足尺碰撞试验数据，分析原 A 级波形梁护栏在标准碰撞条件下对大客车的防护能力，也为仿真分析的可靠性验证提供试验依据。

3. 计算机仿真模型的建立及可靠性验证

车辆碰撞护栏是复杂的动力学物理过程，无法采用简单的理论计算对护栏防护能力进行分析，基于有限元方法的计算机仿真技术可以求解碰撞类物理问题，但是其可靠性需要研究确定。

按照 1∶1 比例建立车辆和护栏仿真模型，采用多次碰撞试验结果对仿真模型参数进行修正和校核，确定仿真模型各项参数，保证仿真模型的可靠性，为采用仿真模型进行护栏防护能力分析奠定基础。

4. 原 A 级波形梁护栏对大客车极限防护能力仿真分析

基于原 A 级波形梁护栏在标准碰撞条件下对大客车的防护能力分析结果，依据《公路护栏安全性能评价标准》(JTG B05-01—2013) 对不同碰撞能量下的原 A 级波形梁护栏的防护能力进行分析，最终得到原 A 级波形梁护栏对大客车的极限防护能力。

5. 新型 A 级波形梁护栏结构及其对大客车的防护性能仿真分析

提出一种新型 A 级波形梁护栏结构，并进行大客车碰撞仿真分析，为新型 A 级波形梁护栏实车碰撞试验的实施奠定基础。

（二）专题研究结论

（1）原 A 级波形梁护栏对大客车的极限防护能力为 140kJ。

（2）原 A 级波形梁护栏不满足新标准《公路交通安全设施设计规范》(JTG D81—2017)的要求,但满足旧标准《公路交通安全设施设计规范》(JTG D81—2006)的要求。

（3）新型 A 级波形梁护栏结构对大客车的防护性能仿真分析结果满足新标准《公路交通安全设施设计规范》(JTG D81—2017)的要求,为下一步新型结构通过实车足尺碰撞试验验证奠定一定基础。

六、煤系土层填筑利用及路堑边坡设计和施工技术专题研究

煤系土的典型特性是土层软硬不均、层间胶结较差、结构松散、开挖后风化速度较快且遇水易软化、稳定性极差,易受冲刷破坏,大雨时土体流失,形成大的冲沟。使其直接作为公路路堤填料无法满足质量控制要求。如果将工程中煤系土简单作为弃方处理,会造成大量土地资源的浪费,增加工程造价,对工程周围环境也会造成不利影响。

新博高速公路项目位于广东省中北部山区,路线所经地段分布地层主要有第四系、燕山期、侏罗系、石炭系、泥盆系等,石炭系,有多段煤系地层出露,煤系土层影响路基填料的选择及路堑高边坡稳定性。因此开展煤系土层填筑利用及路堑边坡设计和施工技术专题研究十分有必要。

此课题主要研究内容有以下七个方面:广东省煤系土工程特性及高边坡调研、煤系土填筑利用的试验研究、煤系土边坡破坏机理研究、煤系土层边坡加固处治技术研究、煤系土层边坡现场监测试验、广东省高速公路煤系土填筑利用及路堑高边坡处治设计、施工及技术指南编制及工程应用。

研究成果达到如下创新点:

（1）通过对煤系土特性,进行室内和现场的煤系土物理力学性能的测试及改良加固试验,提出煤系土的分类方法和加固改良措施。

（2）通过对煤系土层边坡治理进行分类,并对不同类别的煤系土层边坡的变形破坏机理进行系统研究,提出不同类别煤系土边坡变形破坏模式及主要影响因素,提出不同类别煤系土边坡处治措施。

（3）将建立煤系土边坡稳定性评价体系,并编制《广东省高速公路煤系层填筑利用及路堑高边坡设计和施工技术指南》。

七、长大纵坡路段安全分析与设计专题

近年来长大下坡依然是事故多发路段,一方面是由于我国大型货运车辆普遍严重超

载、违章驾驶和车辆违法制造等原因造成的;另一方面是长大纵坡下坡方向的设计存在争议,设计方法还是基于过去上坡方向汽车动力性能特点,业内人士有分歧,对长大纵坡的界定、缓坡的长度很难形成定量化结论,陡坡夹短缓坡的不当设计广泛存在。

安全分析和评价作为现代安全管理模式,最能体现以人为本和预防为主的理念,对交通安全所起的技术保障作用日益突显,成为消除隐患、防范事故的一项治本之策。为降低事故率和减轻事故严重程度,减小经济损失,营造更安全和谐的出行环境有必要开展长大纵坡路段安全分析与设计专题研究。

通过专题研究实现了如下效果:

(1)建立了长大纵坡安全分析与设计的流程和方法,对关键设计问题给出了相关建议和设计指导原则。

(2)提出长大纵坡路段通用性设计指导原则,平均纵坡和坡长不是长大纵坡评价的唯一指标,得出较为合理的技术手段是运行速度评价和制动器温度评价相结合划分路段安全等级的方法。

(3)综合考虑本专题工科预测交通量、失控事故,将高速公路长大纵坡路段设计与评价车型取为6轴铰接式重载车型汽车,车重取55t。

八、高速公路生态环境特征及其适宜绿化树种调查利用专题研究

与普通公路不同,高速公路是全封闭式的,车速很高,对绿化的要求也高于普通公路。它既要求沿途景观能丰富司乘人员的视觉环境,避免视觉疲劳而造成交通事故,同时还要改善公路两旁生态环境及美化城镇景观,形成良好的生态体系,关键在于绿化植物的选择。

该专题研究主要是在粤北高速公路沿线生态景观环境和植被进行调查基础上,根据高速公路绿化树种的常规要求,基于AHP法植物树种选择方法对粤北主要乡土树种进行研究与筛选,选取出65种适合高速公路绿化建设的乡土树种,并根据高速公路主要环节部位(包括道路中央分隔带、围网区、互通区、边坡、生活服务区与收费站、特殊地段)的绿化应用特点,建立粤北地区高速公路景观绿化适宜树种(乔木、灌木、木质藤本)种质资源数据库。实现并突显了植物的地域性,展现出高速公路所经地域各具特色的自然景观之美,达到了"路融于景、和而不同、各美其美"的生态景观。

九、原生大树移栽及表土的保护与利用技术专题研究

(一)原生大树保护利用与移栽技术研究

"人挪活,树挪死"的谚语表明了大树移植的难度,而据调查,对大树移植技术的漠视

和缺失,却是各地大树抢救和保护性移植、大树工程移植中普遍存在的现象,是造成不可挽回损失的最大因素。显然,研究探讨大树移栽保活技术,最大限度提高新植大树的成活率和移栽质量,避免因大树死亡造成资源和人财物力的浪费,理论和应用上的双重意义自不待言。

结合依托工程就如何对高速公路用地红线内的原生大树进行保护性移栽,提高原生大树移栽成活率等进行了初步探讨。结合现场踏勘,从大树移植技术的理论基础出发,就移栽原生大树的选择原则、大树移植前的准备、大树保护性移植挖运种三工序的技术措施及移植后的养护管理等工作以及原生大树的利用等方面,探讨、分析和总结了大树保护性移植的技术要点,对提高大树移栽的成活率提出了相应的技术措施及政策建议,并结合景观绿化设计对原生大树的利用提出了合理化的建议。

项目达到的效益主要包括生态和社会效益:

1. 生态效益分析

原生大树具有较大的叶面积指数和改善生态的功能,在大树长势恢复后,其生态效益将会发挥得更好。一棵成活几十年的高大乔木,其叶面积总和比其占地面积大20~75倍,而灌木和草类植物为5~10倍。据科学测定,大树吸收二氧化碳、制造氧气的功能是草坪的5倍,因此大树可以提高单位面积的生态效益。原生大树移栽的同时也给下层的植物提供较好的水分及庇荫条件,利于中、下层次植物的发育,最大限度地发挥有效土地面积的生态效益。

2. 社会效益分析

1)保护原生生态资源

原生大树保护性移栽再利用工作的实施,用于服务区、互通的绿化,减少了对外购大规格苗木的需求,进而减少了对项目附近区域原生大树采挖,保护了不可再生的生态资源。

2)提高项目绿化景观质量

一般高速公路项目采用的苗木多为苗圃苗,规格较小且不整齐,其对本地区环境的适应性较差,导致公路景观效果较差,且不具有可持续发展的特性。将原生大树用于高速公路绿化工程,不仅能够避免植物对该地区环境的不适应,同时能够最快、最经济的实现打造生态公路优质景观的目的。

(二)表土保护利用技术研究

表土作为一种珍贵资源,在开发建设项目水土保持技术规范中明确规定,要保存和综合利用表土资源,并作为强制条款必须执行。由于缺乏系统的表土剥离与利用技术指导,存在着表土剥离与利用意识薄弱,表土剥离时无序、混乱,表土的保存、防护和利用方案不当的问题。表土剥离、利用具有极其重要性及必要性,因为公路建设项目属于线性工程,而且公路建设项目往往是当地的一号工程,一旦开头实施大规模的表土剥离、利用,将会给当地带来示范效益,全面促进表土资源保护利用工作,形成以线带面的良好局面。

表土保护利用技术主要从筛选可利用表土资源、表土资源的临时存放、表土资源的有效利用等三个方面开展研究。

项目达到的效益主要包括生态和社会效益:

1. 生态效益分析

耕地耕作层土壤剥离再利用,对临时用地按照"合理布局、因地制宜"的原则进行恢复治理,采取植树种草、水土保持等措施,建立起新的林、草土地利用生态体系,形成新的人工和自然景观。

通过耕地耕作层土壤剥离再利用工程在项目区域实行综合治理,可以降低项目建设对生态环境的影响,遏制生态环境的恶化,还有效地增加了项目区域农用地面积,实现项目区域生态环境系统的良性循环,净化空气改善周边区域的大气环境质量。

2. 社会效益分析

1)保护耕地资源

项目区表土资源用于中分带、互通的绿化,减少了对外购土方的需求,进而减少了对沿线耕地破坏,保护了本区域的耕地资源。

2)维护当地居民身体健康状况

通过耕地耕作层土壤剥离再利用和生态重建,使项目区的植被、水、空气、土壤等环境条件得到改善,使有毒有害元素得到有效控制,从而减少当地居民疾病的发生,维护当地居民的身体健康状况。

十、基于物联感知的高速公路防雷设施智能监测系统研究

随着"智能交通"的不断推进,越来越多的电子电器设备应用于公路建设和运营中,雷电灾害对高速公路影响也越来越显著,而当前高速公路防雷系统建设及运维中长期存在以下弊端:一是防雷系统和设施缺乏统一规划、缺乏区域性雷电数据作为支撑而导致的设计针对性不足;二是防雷系统和设施运维中,人工检测维护效率低、周期长,导致存在漏检、误检等现象;三是由于目前用于判断 SPD 有效的 U1mA 和漏电流两个检测参数均存在"拐点效应",无法及时判定防雷设施的老化程度及有效性,致使防雷设施不仅不能有效防雷,还会干扰系统或设备的正常运行,严重时还可能成为灾害性事故的诱发因子,存在较

大的安全隐患。依托"互联网+",引入高速公路综合防雷新理念及防雷智能监测等新技术、新手段,是有效解决上诉问题的办法和有益尝试。

以《高速公路设施防雷设计规范》(QX/T 190—2013)为基础,结合广东地区雷电特性,依托汕湛高速公路云浮至湛江段,开展了以下几方面的研究:

(1)分析研究符合高速公路雷电特性的防雷器(SPD)有效性算法。

(2)研究符合高速公路雷电特性的防雷智能监测技术应用。

(3)探索符合广东省高速公路防雷要求的防雷设施智能监测系统应用指南。

课题以物联网理论和技术为基础,系统由感知层、网络层和应用层构成。感知层通过数字传感技术实时获取被感知对象数据信息,网络层通过各类通信网络与互联网的融合,将对象数据信息实时准确地传递出去,应用层把感知层获取到的数据信息综合处理,实现最终的实际应用。

本课题研发了广东省高速公路防雷设施智能监测系统,利用地阻监测仪、防雷器(SPD)监测器以及雷电监测仪等作为感知层的数字传感器,分别实时获取地阻阻值、防雷器(SPD)运行状态参数和雷电发生状态参数。网络层通信网络类型分Zigbee无线局域网、以太网、移动通信网(GPRS、4G)等,实际应用中依照应用环境来决定采用的通信网络类型。应用层由基于数据库的应用软件加以实现。

第六章

南粤工程技术微创新与应用

广泛意义上讲,微创新是靠广大基层员工,在进行基础工作时,在完成最普通的事务性工作时,应用丰富的实际操作经验,发挥群众的聪明才智,提出有效小改善、小发明、小创意,再应用到实际工作中去,从而发挥小效益,包括提升服务质量、提高工作效率、落实人性化管理、打造精品等各方面的内容。

在土建工程领域,微创新是在传统工艺工法基础上,结合现代信息化技术,以解决实际问题为目的和导向,通过对现有工艺、设备等进行改进,使工作效率和可靠度提高,从而提升质量安全,进而提升品质。

省南粤交通公司所辖1 600余公里高速公路项目在建设过程中,通过业主导向、政策激励等,激发施工单位管理人员及一线工人积极性,大力提倡、积极鼓励引导和推广新工艺、新材料、新设备和新技术,形成具备代表性的微创新成果达125项,分类汇总表如表6-1所示。以下将依次按照路基、桥梁、隧道、路面、工程信息化管理等分类简述"四新"技术。

省南粤交通公司微创新成果分类汇总表

表 6-1

编号	微创新类别		微创新工艺、机具名称	简　介
1	路基	测量	旋翼式无人机土石方测量施工工艺	采用小型无人机对复杂地形基于三维加密点云进行土石方量测,实现至少1cm一个高程数据,准确模拟地形,理论误差较传统方式明显减小
2		路基压实	路基连续压实技术	根据土体与振动压路机相互动态作用原理,通过连续量测振动压路机振动轮振动应信号建立检测评定与反馈控制体系,实现对整个碾压面压实质量实时动态可视化的检测与控制
3			高填陡坡全套设备施工工艺	针对不同填筑采用不同吨位压路机碾压,采用高速液压夯实机对桥涵合背进行补夯压实,运用冲击式压路机对路基进行补夯。通过对不同工点实施个性化综合施工措施保障路基填筑和涵洞回填施工质量,减少工后沉降
4		边坡防护	填石路堤边坡废旧轮胎骨架植草防护	利用废旧轮胎植草防护工艺系统稳定性强,具有良好的固土作用,施工周期短,操作简单,绿化效果较好,体现变废为宝的绿色环保理念
5			人字形骨架施工胎具	采用轻型型钢、定位钢筋等设计上下边人字形骨架胎具,结构轻,便于操作,便于安装操作,有利于线形控制
6			"爬山虎"上料机施工路基边坡防护及排水工艺	在传统路基边坡防护及排水工程利用升降机的基础上增加了车轮和轨道,解决了物料快速安全运输的难题,大大降低了施工成本,提高了工作效率,极大提高了施工安全性
7		边沟	路基边沟定型塑料模板	采用轻型化、大刚度塑料模板施工路基边沟,易于操作调整,易于施工机械化施工,机器一键式动,全程自动化作业,施工效率高,线形及外观质量好
8			路基边沟、排水沟自动成型	采用自动成型机施工纵向边沟,全过程机械化施工,机器一键式动,全程自动化作业,施工效率高,提升了外观质量
9	桥梁	钢筋制安	钢筋笼滚箍机	自主改进滚箍机,钢筋笼加工效率提高了3~4倍,合格率达到100%
10			钢筋笼滚焊机	滚焊机加工钢筋笼施工工艺集主筋定位、圆盘调直、箍筋绕丝焊接,整体成型于一体,整个制作过程数控操作。采用滚焊机废丝焊,加工精度准确,焊接质量较好
11			手持式智能绑扎机	人工绑扎时,存在受力不均匀而造成断丝、"绑扎机"绑扎过程中,一次绑扎成功,扎丝受力均匀,不易松绑丝浪费,对周边环境无任何影响。"手持式智能钢筋绑扎机"绑扎成功率高,有效解决了主筋丝扣加工时端头不平整等质量通病
12			钢筋笼采用双柱式液压带金属带压锯床钢筋切削工艺	桩基钢筋笼主筋切断时采用液压锯床切削工艺,确保切割面平整、光滑,操作方便、切削效率高,安全性好。同时,该锯床具有自动送料、自动定尺功能,切削速度更快彻底,能节省大量的清孔时间,气举
13	桩基		无水头差的气举反循环清水钻孔施工工艺	相较传统泥浆钻孔,无水头差的气举反循环清水钻孔工艺排渣能力强,清孔效果好
14			临近既有铁路桥梁人工挖孔桩钻孔成孔施工	临近铁路桩基减少地动,保障临近铁路线安全

续上表

编号	微创新类别	微创新工艺、机具名称	简介
15	桩基	裸岩大直径桩基护筒下放工艺	以定位导向架和大护筒配合，采用旋挖钻机在大护筒内洗出桩基护筒环形槽口，然后下放桩基护筒，解决了裸岩区大直径桩基护筒打设问题
16	桩基	桩头高程控制器	利用自制高程控制器，解决传统的施工方法利用测量绳或者竹竿测量混凝土灌注顶面的高度难以准确测量判定的问题，保证桩顶混凝土灌注质量
17	桩基	自制钻孔桩施工泥浆钻渣分离箱	借鉴专业泥浆分离器工作原理自制泥浆分离箱，解决小型水上桥梁施工平台设置常规循环和沉淀池受限问题，相对大功率泥浆分离器具有明显经济优势
18	桩基	钻孔桩自动取渣器	利用泥浆悬浮原理自动收集孔底悬浮钻渣，保证渣样的准确性和及时性
19	桩基	桩基成孔自动检测技术	利用专用仪器设备对孔径、孔位、垂直度和孔底沉渣厚度进行检测，对桩基灌注前实施事前质量控制
20	桩基	蜂窝破桩法施工工艺	对传统环切法进行了改良，在桩头预埋管与混凝土之间设有黏结头时先进行环切施工，再用钢楔子或液压钳使混凝土破头破除桩头，提高桩头破除效率，有效保护了桩头钢筋
21	桥梁下部结构	大体积混凝土智能循环降温系统	结合项目情况，设计个性化的大体积混凝土智能环循降温系统，测温元件收集分析混凝土降温速度，出水温差、冷却水与混凝土内部最高温度之差等数据，通过水温差及流量控制对各部位温度进行自动调节，克服人工调节的迟滞效应及误差，减小混凝土开裂风险
22	桥梁下部结构	高墩翻模施工便捷式钢筋安装操作平台	通过对传统翻模技术改进，使钢筋绑扎操作平台与模板的翻升与钢筋绑扎成为独立系统，模板的翻升互不干扰，极大提升了安全系数和施工效率
23	桥梁下部结构	带底板系统的承台套箱整体吊装工艺	常规钢套箱在加工厂拼装成整体后进行吊装与安装，底梁系统、内撑系统、吊杆受力系统和止水系统仍需现场拼装。套箱现场连接完成后需进行下放。带底板系统的承台钢套箱整体吊装减少了模板在现场拼装的时间，提高了工效
24	桥梁下部结构	装配式水上墩柱施工平台	装配式作业平台相对于悬臂管脚手架平台，整体性好强度高，定型化设计周转重复使用的利用率高，整体外观质量控制
25	桥梁下部结构	高墩自动翻模（内滑外翻）施工技术	结合翻模和爬模施工工艺特点设计高墩自动翻爬模系统，提升了施工效率，利于墩柱外观质量控制
26	桥梁下部结构	墩身箍筋预制安装工艺	采用新型钢筋加工预制胎架，在胎架上分节预制箍筋骨架，解决了箍筋安装精度控制问题，提高了工作效率
27	桥梁下部结构	香蕉式桥梁施工安全爬梯	香蕉式桥梁施工安全通行系统。其香蕉式安全爬梯是指采用香蕉式系统脚手架系列产品组合而成的专门用于高度为40m以内的桥梁墩柱施工的垂直通行系统。其香蕉式安全爬梯主要构件为立杆、横杆、楼梯、斜杆、扶手及可调节底座，整体空间结构强度高，整体稳定性好，并具有可靠的双向自锁功能，可更好满足施工安全的需要

续上表

编号	微创新类别		微创新工艺、机具名称	简 介
28	桥梁	桥梁下部结构	盖梁底模托架顶、落盒的应用	对传统盖梁模型钢（钢板）垫块及盖梁现浇托架工艺进行改进改造，制作可调节，可周使用的钢模块替代传统垫块，改善了支点受力状况，提升安全性能，节省了施工成本
29			转体支撑系统减阻创新	采用不锈钢板+四氟滑板改进转体桥支撑系统减阻装置，大大降低了滑道的摩阻系数
30			模块化盖梁操作平台	将盖梁操作平台进行模块化设计，由抱箍箍、双贝备重梁纵梁、定型分配梁、护栏及上下平台双爬梯等模块化施工设备组合而成，实现了盖梁施工标准化、模块化和程序化，有效提升盖梁施工安全水平
31			盖梁底模拆除机	采用卷扬机自制盖梁底模拆除系统，提升操作安全性
32			支座垫石土工布海绵塑料薄膜包裹养生法	支座垫石混凝土浇筑完成拆模后，土工布包裹垫石，将5cm厚海绵置于垫石顶面，向海绵注入充足水量，用塑料薄膜包裹垫石四周，胶带捆绑固定养生，解决了支座垫石养生难题
33			高墩喷淋养生优化	主塔索塔和引桥薄壁墩墩身高，C50/C40高性能混凝土早期强度发展快，养生要求高，克服高墩水压不足，人工养生不及时，夜间监管困难等问题，有效保证混凝土施工质量。自行设计自动喷淋系统
34		预制梁	预制梁钢筋绑扎全面胎架化施工	全面采用胎架，主筋、箍筋、预应力波纹管实现精准定位，卡槽检验，减少钢筋制安质量通病问题
35			预制梁骨架吊装横梁	采用方钢制作定型骨架，刚度高，稳定性好，与钢筋骨架连接、拆除方便，运输问题，并保证了运输过程骨架不变形
36			桥面剪力筋定位小车	预制梁桥面剪力筋定位小车配合预制梁胎架使用，以预制梁的两侧限位板作行驶轨道，小车前移实现精准定位、高效流水作业
37			预制小箱梁支座调平块工艺改进	传统方法采用铺砂法调整预制梁支座调平块，受砂含水率的大小影响较大。通过改进工艺，采用螺栓进行精调方式保证精调精度控制
38			预制梁封端端口隔离板	根据封端端口预留钢筋位置面积，用聚苯乙烯泡沫板、定型不锈钢板等隔离预埋钢筋与芯模，有效保护了预制梁端头端头板预留预埋钢筋，避免了后期大面积凿除
39			预制梁翼缘板止浆处理	采用止浆带，解决预制梁翼缘板槽口漏浆质量通病问题
40			预制箱梁防开裂模板改良	将箱梁端处模板改为可滑动活动底板设计，坚向刚度有保证，又能适应张拉变形位移，解决过程中箱梁端头下引起梁端底部崩边缺角现象
41			箱梁封端模板改良	采用"Π"形槽口不锈钢板，使张拉孔周以外混凝土与梁体混凝土能够同步浇筑，整体钢模封端，梁体光洁度，降低了工人人清理模板工作量，提高了梁封端质量
42			预制箱梁整体自行式液压外模及液压抽拉内模	对传统模板进行改进，增加液压控制系统，方便模板拆装，提高了工作效率，利于施工质量控制

续上表

编号	微创新类别		微创新工艺、机具名称	简 介
43	桥梁	预制梁	预制箱梁内模抗"上浮"装置	在小箱梁顶板增设压杆防止浇筑过程顶板钢筋上浮，解决因钢筋上浮凿除箱梁顶、腹板混凝土厚度不足和钢筋保护层等不能满足规范设计要求等问题
44			预制梁翼缘板、横隔板及端头水洗凿毛	模板预涂缓凝剂，拆模后用水洗方式进行"凿毛"，保证混接有效连接
45			预制梁预应力钢绞线穿束工艺机具	自制预制梁预应力钢绞线梳编束作业平台，由夹紧固定、编绞器及牵引机四部分组成，实现半自动梳编束，解决了传统编束方法引起的同束钢绞线预应力不均等问题
46			智能张拉和真空循环压浆	全面采用智能张拉和压浆工艺，保证预应力施工质量
47			预制箱梁智能喷淋养护系统	预制箱梁智能喷淋养护系统可无人值守、全自动、无死角对箱梁进行养护
48			梁板预制成套施工工艺	喷淋养生、箱梁浇筑台车、预埋管定位组合模板等创新工艺组合，解决养生、预埋管定位、浇筑过程中的质量通病问题
49			箱梁检修台座	梁场增设"检修台座"，上放板式支座，梁体放置在支座上后检查梁底楔形块与支座之间是否密贴，经整修直至平整度满足要求后再进入存梁区，保证梁底楔形块与支座密贴
50			预制梁钢筋出场合格证	为加强现场质量管控，保证现场技术人员及时查验半成品详细设计及加工参数，提升现场技术质量控制水平
51			预制梁场安全扶梯	制作定型可移动式扶梯，方便施工和检查，提高了安全性
52		现浇梁	T60塔式支撑系统的使用	T60塔式支撑系统采用矩形独立塔形独立支撑单元，每个矩形塔架自成独立单位，通过钢管连接使得塔架连成城T60塔式支撑系统。采用Q345低合金高强镀锌钢，考虑2.5倍的安全系数，单肢设计承载力达60kN以上。具有安全可靠，拆卸方便
53			盘扣式支撑体系脚手架	盘扣式轮盘式脚手架具有可靠的双向自锁能力，解决了传统脚手架人工锁紧的不足。解决了传统脚手架上活动零件丢失，易频，不易保管的问题，减利性和拼接质量远超过目前使用的脚手架。其连接拆卸的快速方便少了施工单位的经济损失，且承载力大
54			边跨现浇段采用三角托架施工工艺	大跨径连续刚构桥边跨现浇段常采用落地支架施工，其施工工艺比较成熟，但是其使用具有一定局限性，于高度大的边跨现浇段施工时钢管架材料用量及安拆量大，边跨现浇段施工工期增长，支架安全风险加大，咸于场地狭小无法搭设支架的更是无法适用。采用边跨现浇段施工三角托架能避免以上不利因素，对于场地狭小无法搭设支架施工三角托架施工能避免以上不利因素

续上表

编号	微创新类别	微创新工艺、机具名称	简 介
55	桥面系及护栏	桥面整体化层"四机"联动施工工艺	将振捣梁、全自动桁架式辊轴摊铺机、驾驶型抹光机、电动铣刨机进行组合成为桥面整体化层整套施工工艺，在施工中将各个工序中良好的处理效果相结合，使得整体化层的处理效果质量大幅提高
56		桥梁防撞护栏整体式钢模板	由支架、挂钩、内模、外模，和对拉螺栓五部分组成整体式钢模板系统。安装拆除方便，实现模板一次性安装就位和整体脱模，施工整体性强，操作方便
57		整体化层激光混凝土摊铺整平机	分体辊轴摊铺机基础上安装激光、液压控制系统，同时针对竖曲线混凝土铺装，配置了超声波控制系统，实现激光与超声波互换的双控系统，解决了混凝土竖曲线或桥面或地面机械化施工的难题
58		桥梁整体化层轻质振动梁摊铺机和自动拉毛方案	将振动梁和拉毛有机结合，形成一体化操作平台，提高工效，利于质量控制
59	桥梁	桥面系先施工防撞护栏后施工整体化层方案	桥面系先施工防撞护栏后施工整体化层，极大程度减少高墩桥梁尤其是高墩桥梁施工风险源，提高安全性，工程形象好
60		桥面护栏装配式临边防护栏杆	临边防护相对滞后，传统人工焊接钢管进度慢等，寻找并改良新型的装配式临边防护栏杆，防护栏杆安装后栏杆高1.2m，抗水平推力达1 000N，面板为柔性钢丝网片，具有承载力高，安装效率高，立杆无须焊接，不会对预埋钢筋造成损伤，防护网采用阻燃材料，并且可重复使用等优点。且该栏杆高度及间距均满足标准化要求
61		护栏施工移动台车	采用定型台车施工防护栏，减少人工作业，提升安全质量水平，提高工作效率
62	伸缩缝	伸缩缝型材快速定位装置的设计与应用	伸缩缝型材在定位时下部无支撑，需使用设计的竖向钢筋进行固定，施工步骤虽简单，但数量较多，重复工序多。为减少伸缩缝型材占用时间，研制出一种便捷可靠的伸缩型材快速定位装置
63	钢箱梁	正交异性钢桥面板U肋内焊技术	传统钢桥正交异性钢桥面板U肋内采用单面焊，抗疲劳能力较差，U肋内焊技术以焊缝疲劳性能保证为出发点，采用焊接机器人全自动焊接，相给检验，提高了焊接质量，钢桥面抗疲劳性能得到大幅提升
64	涵洞	涵洞墙身滑模（移动模板系统）施工	改装涵洞模板系统，包含模板及吊杆等，包含门架下横梁及滚轮、吊挂系统（包含上部主梁、滑块、扁担梁及吊杆等），提高施工效率
65		涵洞墙身无拉杆施工工艺（无拉杆涵洞身模架）	参照"隧道二衬台车"施工工艺，加工了整体式涵洞墙身施工台车系统，涵身混凝土施工外观质量、施工速度、施工安全防护等均较传统施工方式有明显提高，且解决了传统工艺涵身需封堵对拉孔的问题
66		涵洞拉杆孔洞处理工艺	聚合物砂浆配合贴纸对涵洞拉杆进行封堵处理，密实度高，外观效果好
67	模板	涵洞台帽定位箱盒	采用安装"定位箱盒"施工台帽，对涵洞自身台帽精确定位控制，保证了涵洞自身与台帽一次连续浇筑，避免传统施工法跑浆产生的施工缝，混凝土浇筑不到位出现蜂窝麻面，台帽模板加固不牢等引起跑模胀模及盖板底座高低不平等问题

续上表

编号	微创新类别		微创新工艺、机具名称	简　介
68	涵洞	涵背夯实	桥台台背、涵背、挡墙高速液压夯实机成套工艺	高速液压夯实机成套工艺主要针对桥台合背、涵背、挡墙背等狭小作业面的补强施工，通过集中的夯击能量对填料进行夯实，均匀提高填料深层压实度，采用经工艺试验总结的参数进行补强施工，能有效解决"三背"部位不均匀沉降及通车后"跳车"等质量通病
69		防水	SBS沥青贴沉降缝防水处理施工工艺	利用SBS沥青贴替代传统三油两毡进行涵洞沉降缝防水处理，工艺简便，效率高，防水效果良好，是一种符合环保要求的新型工艺
70	隧道	钢构件加工	格栅拱架液压压花机	采用格栅拱架液压压花机，带有单联自动压力系统，可对各种钢筋型号进行冲压成型，便安全，大大节约人力及施工成本，提高生产效率、效益
71			超前小导管与锁脚锚管缩尖机	隧道用超前小导管与锁脚锚管缩管缩尖机自动化加工，较传统工艺有噪声小，易操作，产量高，性能稳定等特点。工件成型时间短、效率高，工艺简单，加工表面光滑，工作无伤痕
72			隧道拱架连接钢板液压冲剪机	剪板机制作出的连接板、钢板尺寸可加工不同的钢板尺寸，节省时间和材料。剪板机钢板剪切调整尺寸可标准，调整方好、噪声小、间隙自动调整表面齐整，钢板表面无烧伤痕迹，钢板外表美观。整机操作简单，使用方便
73			隧道钢筋网片自动焊接机	钢筋网片自动焊接、标准化成型，间距控制和焊接全自动控制，较人工质量提高
74			公路隧道施工拉帘式风带装置	隧道通风管带采用拉帘式，通过支撑、轨道和滑轮支架可以实现风带的纵向移动，同时控制风带与隧道衬砌的距离，避免风带被杂物损坏
75		安全防护	新型隧道逃生管装置	隧道逃生管道所用管材采用φ800mm的新型隧道逃生管道直径的金属带孔抱箍连接，采用螺栓临时固定。管节长度为3m，壁厚30mm，管节间可采用直径大于逃生管直径的金属带孔抱箍连接，采用螺栓临时固定。隧道逃生管道布设长度为100m。施工速度快，安全度高，外观质量好，施工进度和安全均有保障，具有较广的应用前景
76			隧道施工逃生安全屋	在距离掌子面15m以内范围内设置安全屋，安全屋空间较大，可作为临时逃生点，较传统逃生管道注浆，保证隧道安全性大幅提升，一端靠施工隧道的二衬段，另一端通至隧道外。安全屋空间较大，可作为临时逃生点，较传统逃生管道安全性大幅提升
77			隧道施工小导管注浆自动封堵	采用气腿式凿岩机，注浆机打设小导管注浆，保证注浆角度和深度，减少人工作业强度
78			隧道锚杆钻机	采用锚杆钻机打设锚杆，注浆机打设锚杆注浆
79		支护	隧道混凝土湿喷机械手湿喷工艺	隧道初支全面采用湿喷机，较传统干喷和潮喷工艺能提高工效，有效保证初支强度
80			隧道二衬端头施工止水带定位夹具	对二衬台车端头进行改造，加设合页式夹具对施工缝止水带进行精准定位，解决止水带埋设位置不准确和施工易破损问题

第六章 南粤工程技术微创新与应用

续上表

编号	微创新类别		微创新工艺、机具名称	简 介
81	隧道	支护	隧道全方面水幕降尘除尘炮雾机	炮雾机进行隧道降尘除尘,提高隧道空气质量,保障工人作业环境处于良好状态
82			隧道二衬养护除尘喷雾台车	自主设计二衬养护台车对二衬进行喷雾养护,解决了二衬养护难题
83		水沟电缆沟	隧道水沟电缆槽全自动液压自行式台车	隧道引进水沟电缆槽全自动液压台车,整体一次性立模成型,施工效率高,线形顺直,外观质量好
84		监控量测	隧道监控量测自动化系统	隧道监控量测自动化监控系统,对监测数据自动化采集,通过无线传输终端传输至后台进行系统处理,然后数据统一上传至云平台(可通过手机APP进行查看),能真正意义上确保数据反馈及时,起到及时反馈的功能,时反馈监测及时反馈的功能
85	房建工程		墙面砖阳角采用不锈钢角线	在铺贴墙面砖施工过程中,阳角的传统处理方式是倒角,费时费工,手工做的有时会造成磕碰浪费工料,并且日后使用时容易磕碰,推广应用新式不锈钢角线后使用时容易磕碰
86			墙面打磨机	传统工艺采用砂纸打磨墙面时,打磨墙面的平整度、细腻效果需人工控制,易产生墙面参差不齐的质量问题,也易产生灰尘对人体健康造成损害,甚至乳胶漆涂刷完成后效果较差而返工,造成资源浪费。推广应用墙面打磨机
87	交通工程	交安工程	护栏打桩机锤头套筒	加了锤头套筒的打桩机,速度快且工程质量好
88			桥梁、灯具线形控制改进工艺	桥梁、灯具线形控制改进后,整齐且方便更换,对施工无干扰
89			桥梁管、箱托架移动式钻孔装置	桥梁管、箱托架移动式钻孔装置的发明,实现了快捷、标准打孔且避免了传统工艺的参差不齐的孔位
90	机电工程		IDC整体式机房	整体式机房系统设用于一站式满足监控中心、收费站内设备安装,环境控制(搭配精密空调)、环境监控、通风散热、配电、接地和线缆敷设。各部件均作分组采用标准化尺寸,模块化结构设计,方便护各改造
91			智慧收费亭	智慧收费集成性比较高,一体化成型,对收费系统比较方便,可在各种场合适用
92			碎石加工生产线金属检测器	碎石生产线加装金属检测器,解决洞渣中的金属杂物进入破碎机对设备造成破坏
93	路面	原材料	滚筒加振筛水洗设备	对集料水洗设备进行改造,水洗区水洗设滚筒加装振动筒,设备的改装减少了对传统水洗方式水洗石骨料含水量和晾晒时间,提高了工作效率
94		路面附属	土路肩滑模填土工艺	自卸运输车、摊铺机、传送皮带、整形模具、液压振动架组成土路肩滑模摊铺系统,全机械化作业,提高了施工效率投入人的同时,避免了交叉施工的影响,也减少劳动力

续上表

编号	微创新类别	微创新工艺、机具名称	简　介
95	路面附属	土路肩的优先立模筑	土路肩采用立模培土施工，配合小型平板夯进行夯实，拆除后在土路肩内侧喷洒水泥浆，防止培土路肩塌边。保证路肩填筑质量，减少了路面施工污染
96		中分带设备改造	对小型运输车进行改造，采用侧向卸土，施工方便，减少对路面施工污染，工效高
97		滑模摊铺超高纵向路缘石	采用滑模施工路缘石，线形顺畅，整体性好，极大提高了施工效率
98		改装机具进行预制新泽西混凝土护栏安装	对叉车进行改造，增加与新泽西护栏匹配的吊具和夹具，实现快速安装和精准定位，较传统施工工艺提高了效率
99		水稳层节水保湿养护膜养生施工	保水薄膜+砂袋组合对水稳进行养生，一次性覆盖到位，保证养生效果
100		全自动水泥净浆洒布车	采用全自动水泥浆洒布车，将水泥粉与水同时洒出，可精确控制洒布量和洒布时间，提高基层施工质量和确保施工连续
101	路面	混凝土路面传力杆钢筋压入机	采用混凝土路面传力杆钢筋压入机布设传力杆，解决了传统方法效率低下，路面成型后分析正确放置率很低，失去板块之间载荷的传递能力问题
102		硅酮灌缝改良工艺	传统沥青灌缝时，热沥青板易融化成液体，流入场地外，污染水源；另外，混凝土膨胀，被迫在混凝土面，散料在混凝土面，为保持清洁，不得不经常打扫。从材料性能分析来看，采用硅酮类材料灌缝，可避免沥青等有机填缝料带来的这方面问题
103	路面结构层施工	运输车加设篷布自动覆盖系统	沥青料运输车加设篷布自动覆盖系统，实现一键式覆盖，避免运输洒料，对沥青料保温起到良好作用
104		压路机、运输车倒车雷达、倒车影像应用	路面施工设备全面加装倒车影像，提高施工安全性和行驶精准度
105		桥面沥青铺装层振荡压路机	与传统振动压路机通过钢轮在地面上弹跳产生的方式不同，振荡技术确保钢轮始终与被压材料接触，对热沥青混合料施加了一个水平剪切方向的力方式有效地提高了压实的密实度和，避免了振动动型的振动压路机对结构的潜在危害，钢轮始终不离开被压实材料，这种"揉搓"的压实整度较好，又避免了振动动型的振动压路机对结构的潜在危害
106		采用AWP200-F纤维增强聚合物改性沥青防水涂料	采用AWP200-F纤维增强聚合物改性沥青防水涂料具有良好的耐久性，具有不低于桥面沥青铺装层使用年限的寿命，并适应该桥纵向载荷抗压、抗拉的特点，具有高效的防水涂料和黏结性。能有效地避免车辆制动产生的涌动和引起的铺装开裂，提高了工程质量，节约了施工成本
107		沥青摊铺机螺旋布料柔性兜网装置	通过在摊铺机螺旋布料后侧挡板上设置柔性兜网，保证摊铺质量，进而提高整个面层的施工质量。对解决因落料粗集料的后侧集料不滚落，从而提高沥青面层摊铺造成的离析所有较好效果
108		路面防污染控制措施	在路面结构层施工中，为保证层间黏结效果和加强现场文明施工，同时避免对相结结构物造成污染，施工期间提出在各施工段口铺设土工布；在沥青面层施工前，于中分带新泽西护栏外侧挂设塑料薄膜，压路机对起造成污染，平缘石上铺设土工布以防止摊铺机、压路机对路缘石、平缘石造成污染

续上表

编号	微创新类别	微创新工艺、机具名称	简 介
109	小型预制构件	小型构件预制厂混凝土布料机	小型构件预制厂混凝土布料机由组合式小漏斗、行走电机、轨道、振动台等构成，小漏斗下方设有可控制间歇布料的操作杠杆，可根据预制块体积大小控制混凝土入模，从而快速生产小型预制构件，实现了小型构件预制工厂化作业
110		小型预制构件生产线	传统小型预制构件生产工序全部由人工完成，劳动强度大，生产效率低，产品质量不易控制。采用流水生产线制作小型预制构件，混凝土集中拌和，流水作业各工序衔接紧密，作业标准化程度高，预制块质量稳定强度小，生产效率高
111		小型构件预制三相单双倒计时开关振动台同时控制施工工艺	小型混凝土构件预制时，采用三相单双倒计时开关对振动台振动时间精确控制，避免传统工艺中由人工控制时同的不准确性，使同规格的小型预制构件在振动台上的振动时间相同，达到同批次、同规格预制块混凝土外观质量均匀一致的效果
112		小型预制构件自动振动平台	护栏预制过程中有效减少因振捣不到位导致混凝土不均匀、不密实，预制件成品外观不光洁、块角缺棱等弊端
113		小型预制构件脱模机具	为提高小型预制构件拆模速度，并减少预制构件脱模时的缺块掉角现象，创新了小型预制构件脱模机械化脱模作业也提高了脱模的效率，用平板振动器带动角钢支架使小型预制构件顺利脱模，平板振动器的均匀的动能输出保证了脱模的稳定性
114		半自动化小型构件预制场	功能区施工时，预制场的高程尽量控制在一个面上，这样工人在推动可行走移模板时会更省力
115	拌和站	水泥罐保温、除尘工艺	安装水冷循环系统和水泥罐顶喷淋管道以及除尘设备，形成整个体系，保持水流循环畅通，达到对水泥罐的降温及除尘效果
116		沥青拌和楼湿法除尘设备	沥青拌和楼在施工过程中仍有少量粉尘排出，造成环境污染。传统做法是在沥青混合料拌和过程中，将粉尘直接排放到车内转运堆放，直接地面污染，难以清理。如何解决拌和过程中环境恶劣、污染环境，造成沥青拌和过程中的粉尘回收问题尤为关键，而沥青拌和楼湿法除尘设备可以很好地解决粉尘排放造成污染的问题
117		混凝土拌和站皮带机落料循环利用改造	路桥施工现场使用的混凝土拌和站大体有简易式、组合式、标准化等类型，形式多种多样，其生产厂家，生产力，产品质量、性能可靠性更是参差不齐，但其集料的提升形式不外乎两种，即提升斗式搅拌和皮带输送式搅拌站。通过加装回带皮带回收集料的集料，可保证计量精确，且防止物料高空坠落伤害
118		拌和站整体式全封闭料仓	料仓与配料仓一起采用彩钢瓦进行全封闭，配料槽和皮带均采用彩石料仓水率的影响降低了粉尘和噪声污染，减少天气对砂石料含水率的影响
119		沥青拌和站废粉回收利用系统	对沥青拌和楼回收粉尘处理系统进行改造，加装回收粉及存储设备，通过螺旋储罐设备，将回收的粉尘收集成形后由砖制品厂家回收利用，从源头控制了一个重大污染源，同时降低了设备故障率，提高了操作人员工作效率，取得了良好的环保效果
120		全自动冲洗设备	自动冲洗用水可以循环使用，连续工作时仅需补充少量的水，因此可以节约大量的水资源，做到环保节能

续上表

编号	微创新类别	微创新工艺、机具名称	简介
121	小型预制构件及拌和站	龙门吊滑触线连接	滑触线连接与电缆线连接相比使用安全，使用寿命长。常规方式使用电缆线，电缆在施工过程中与地面来回接触摩擦绝缘胶容易破损、老化，易发生漏电事故。现场龙门吊电路与滑触线使用滑刀连接、接触面积小，使现场看上去清晰明了，改观现场文明施工环境
122		龙门吊液压式自动夹轨器	从提高工作效率和安全系数出发，适用于各型号龙门吊，液压式夹轨器在大车行走状态自动开启，其他状态自动夹紧
123		基于物联网技术的智慧施工平台互联网+智能管理平台	基于物联网技术的智慧施工平台+智能管理平台主要包含对水泥混凝土拌和站、公路工程试验室和站、设备联网，并集成了路面动态压实数据和智能张拉压数据上传及监控
124		材料二维码识别系统	现场所有原材料进场后，统一悬挂标识牌，标识牌附二维码，扫描显示原材料厂家、规格、型号，合格证编号以及是否送检，是否可以使用等信息。原材料信息公开透明，现场材料使用一目了然
125		二维码交底及作业指导	采用二维码扫描平台，使得现场管理人员和作业人员随时了解各工序施工工艺流程、技术质量要求、施工方法与措施等，做到任务明确、各工序之间配合并并有条，达到有序施工。降低了质量问题出现的频率，从而提供了施工工效
126		手机APP隐患排查使用	隐患排查方便、快速；有效促进岗位安全职责落实；安全隐患排查情况真实；提高全员安全意识及时、方便，安全隐患排查情况真实；提高全员安全意识
127		架桥机安全监控系统	架桥机监测系统运用现代化信息监控技术，通过对架桥机运行状态监控，实现操作安全、危险临界报警、现场实时显示和数据记录保存目的功能，从本质安全角度控制生产安全事故的发生
128	信息化管理	隧道人脸识别人员定位管理系统	精准控制作业人员进出，有效防止非作业人员随意出入情况。洞内作业人员实时动态显示。准确提升灾后数据信息
129		隧道安全管理信息化技术	隧道设置值班室或监控室，设专人对进出隧道的人员、机械和爆破器材进行实时登记管理。1km以上的隧道和Ⅲ、Ⅳ级风险隧道应配置电子门禁系统、视频监控系统、实时显示洞内的人数及其他人员信息
130		3D数字化自动控制系统路面摊铺施工技术	在路面摊铺设备加装3D摊铺自动控制系统，通过三维位置定位系统，车载控制系统和辅助软件系统实现自动控制测量，3D摊铺将传统挂线施工每隔5m或10m测量一个点的线段控制精确到同隔3～5cm测量一个点的点位控制，来提高施工测量精度，减少人为干扰因素来提高施工精度，提高路面施工的平整度
131		路面智能压实监控系统应用	以基准站、机载采集、车载终端、监控终端等配合路面施工现场施工设备，对路面碾压体进行实时监控，实现数字化可视化察看，可全断面无死角覆盖，避免传统碾压设备起到很好的保护作用
132		路面交通管制车辆智能识别系统	路面交通管制车辆智能识别系统启用后大大提高了人工验证车辆类型的速度及准确性，对施工作业区域，对施工现场人员及机械设备起到很好的保护作用拥堵，有效防止了非施工车辆和人员进入施工作业区域，避免了车辆在道口的保护作用

第一节 路基工程

1. 路基边沟、排水沟自动成型工艺

对比传统的人工预制和安装,减少很多不必要的运输过程,且在纵向水沟的安装过程中,需要使用大量的人力、吊机设备和模板,工效较为低下。滑模摊铺每台摊铺机只需要一套模板就可以满足要求。整套的改进工艺降低了对钢材的需求,施工速度快、安全度高,外观质量好,施工进度和安全均有保障,减少了对环境的破坏和污染,实现了绿色施工工艺。路基边沟、排水沟自动成型工艺实施效果图如图6-1和图6-2所示。

图6-1 路基边沟、排水沟自动成型工艺效果图

a)绑扎钢筋　　　　　　　　　　　　b)浇筑混凝土

图 6-2

c)浇筑过程　　　　　　　　　　　　　　d)成型边沟

图 6-2　纵向排水沟滑模施工效果图

2. 路基连续压实技术

在路基填筑碾压过程中,将振动压路机作为加载设备,根据土体与振动压路机相互动态作用原理,通过传感器传输连续量测振动响应信号,建立检测评定与反馈控制体系,实现对整个碾压面压实质量的实时动态检测与控制。连续压实控制以 VCV(振动压实值)指标来进行过程控制,VCV 指标是指经过传感器将振动压路机与填土振动接触后的回弹振动情况以数值形式显示出来,根据作用力和反作用力定律,越密实的物体,在上面振动时振动损失越少,反弹后的 VCV 数值越大,因此 VCV 数值的大小和填料密实程度存在一定的正比例关系。路基连续压实设备工作图如图 6-3 所示。

3. 高填陡坡全套设备施工工艺

对于填土高度大于 20m 的高填路堤,由于填土荷重较大,地基和填土本身均会出行沉降,导致路面在运用过程中出行沉降和跳车。为保证路面的舒适性和路堤稳定性,对高填路堤压路机进行了要求:①最大填土高度在 20～30m 范围内的路段,要求采用≥26t 的振动压路机压实;②最大填土高度大于 30m 的路段,要求采用≥32t 的振动压路机压实;③对于长度大于 100m,面积大于 2 000m^2,且具备场地条件的填方段路可运用冲击式压路机进行补强。高填路堤压路机采用大吨位后的优势如下,实施效果如图 6-4 所示。

1)压实效果好,施工进度快

采用 26t 或 32t 压路机可进行增厚填筑,填筑层厚可达 30～35cm,相比一般压路机施工能在保障压实质量的前提下有效加快施工进度,减少试验检测工作量。

2)大大减少工后沉降,避免路面沉降开裂及跳车

采用冲击式压路机对高填路基进行补强碾压,每 2m 填高可减少 2～3cm 工后沉降,对于高填路基能减少工后沉降 20～30cm,可有效避免后续路面施工后因沉降导致的路面开裂及跳车。

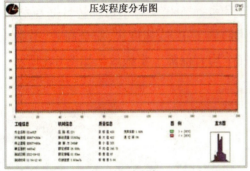
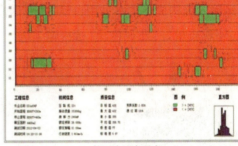

第二遍压实程度　　　　　　　　　　第四遍压实程度

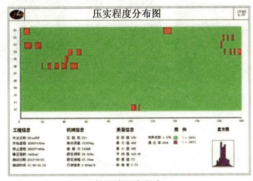
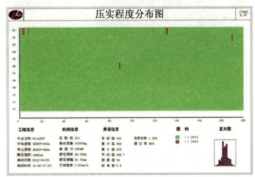

第五遍压实程度　　　　　　　　　　第六遍压实程度

图 6-3　路基连续压实设备工作图

图 6-4　大吨位压路机工作图

第二节 桥涵工程

1. 高墩自动翻模（内滑外翻）施工技术

对于高桥墩来说，截面相对面积小、墩身高、重心高、墩身柔度大、施工精度要求高，是其显著的特点，施工时轴线很难准确控制，施工缝如处理不到位，将成为墩身受力的薄弱处。

自动翻模系统由模板、操作平台系统、液压提升系统、360°旋臂吊可旋转自提升系统、卷扬机运输系统构成。主墩采用自动翻模（内滑外翻）施工工艺，速度快、安全高效、节约施工成本、外观质量好、外观色泽一致，施工进度和安全均有保障。实施效果如图6-5所示。

图6-5　自动翻模工艺图

2. 装配式水上墩柱施工平台

一般使用的墩身外架采用脚手管搭设，墩身施工前需进行散拼安装，在这一个墩身完成后，需要对外架脚手管每一根拆除，施工工程量很大，施工时间长，操作人员安全风险高。

薄壁空心墩墩高17～29m，采用翻模法施工，为解决台风频发区水上高墩施工面临的安全防护问题，满足双标要求中的墩身外模与操作平台分离，保证操作人员的安全是急需解决的问题，是此工艺的创新之处。

可拆卸操作施工平台相对于满堂支架，装配式外架现场安装、拆卸的工作简单，提高了现场的施工效率，也促进了实体结构施工进度的开展。装配式作业平台形成整体，其强度高，不易损坏。其周转重复使用的利用率高，降低了材料损耗、人力资源浪费等问题。在施工墩身时现场施工人员的安全性可以得到有效保证，为打造平安工地创造了有利条件。实施效果见图6-6所示。

图6-6 装配式平台搭设示意图

3. 带底板系统的承台套箱整体吊装工艺

传统钢套箱整体吊装的工艺,一般是指钢套箱侧向模板在加工厂拼装成整体后进行吊装与安装,而底梁底板系统,内撑系统,吊杆受力系统,止水系统等仍需现场拼装,套箱现场连接拼装完成后需进行下放,均占用主线工序时间。钢套箱整体吊装只减少了模板在现场拼装的时间,现场作业的工序和衔接仍然较多。

为更好地发挥套箱整体吊装的优势,减少套箱施工时的工序步骤,最大限度地节省承台套箱施工工期,以结构实用性和安全性为设计基础,按"工厂化、整体化、平行施工"的设计理念,设计一套新型的整体式钢套箱结构,总结出了一套系统、经济、安全的钢套箱下放工艺。带底板系统的承台套箱整体吊装工艺具有极大限度节约工期、整体化运作、安全性高等优点。实施效果图如图6-7所示。

图6-7 带底板系统的承台套箱整体吊装工艺效果图

4. 预制箱梁液压整体式模板

在普通箱梁内外模配备液压系统,并设置轨道,通过液压系统的助力作用,实现模板平移、拼装、脱模时的自动化。能有效降低现场工人劳动作业强度,施工效率高、安全性好,同时模板整体安装偏差小,避免人工拼装接缝不严密、错台等质量问题。

预制箱梁液压整体式模板工作过程如下:场地布置→模板台车轨道安装→安装液压行走轨道台车→拼装内、外模板→模板打磨及接缝处理→模板验收→开动行走阀门将模板整体移动至预制台座位置。实施效果如图6-8所示。

图6-8 带底板系统的承台套箱整体吊装实施效果图

5.蜂窝破桩法施工工艺

蜂窝破桩法是对传统环切法的改良,经现场验证破除效果好、速度快,成本低。蜂窝法破桩头是在桩头钢筋及声测管上包裹一层发泡管,使桩头钢筋与混凝土之间没有黏结,是对传统环切法的改良。破桩头时先进行环切,再用钢楔子或液压钳使桩头混凝土分离,用吊车移除桩头,提高桩头破除效率。成本分析如表6-2所示,吊移桩头及整修如图6-9所示。

蜂窝式破桩法成本分析表　　　　表6-2

传统环切破桩法	蜂窝式破桩法
以1.6m桩头为例:用传统破桩头工艺,2名工人协同作业,1天可破2根桩头;平均每根的破桩头费用为630元	隔离套管1.5元/m,每桩约66.3元;开挖之后,采用快速破桩头工艺,2名工人协同作业,1天可破4根桩头。人工费及机械费总计约200元/根。平均每根桩破桩头的费用为266.3元

图6-9 吊移桩头及修整

6. 模块化盖梁操作平台

传统盖梁施工平台在施工前由杆件拼装搭建的方式完成,拼装工作烦琐效率低。通过改进拼装方式,将盖梁施工平台进行模块化设计,减少拆装工序提高了效率。

模块化盖梁操作平台由抱箍施工平台、双抱箍、双贝雷承重纵梁、定型分配梁、护栏及上下平台双爬梯等模块化施工设备组合而成,具体实施过程如下:安装双爬梯→安装抱箍安装平台→安装双抱箍→吊装双贝雷片承重纵梁→安装定型分配梁→安装模块化操作平台→安装盖梁底模板→盖梁钢筋骨架→安装侧模→浇筑混凝土。实现了盖梁施工标准化、模块化和程序化,有效提升盖梁施工安全水平。安装过程及实施效果如图6-10所示。

a)平台上安装抱箍

b)安装定型分配梁

c)安装盖梁操作平台

d)完成操作平台安装

图6-10 模块化盖梁安装过程及实施效果图

7. 支座垫石土工布海绵塑料薄膜包裹养护法

支座垫石养生是施工中容易忽视的环节,也难以保证养生质量。支座垫石土工布海绵塑料薄膜包裹养护法实施过程为:支座垫石拆模→土工布对混凝土外表面包裹→将5cm厚海绵置于支座垫石顶面→向海绵注入充足水量→塑料薄膜包裹支座垫石四周→胶带捆绑固定养生。

通过成本计算支座垫石所花费成本,可得出支座垫石土工布海绵塑料薄膜养护法成本比传统土工布包裹养护法低,使用此方法可有效降低成本,相比传统工艺上有较大进步。实施效果如图6-11所示。

a)支座垫石覆盖土工布

b)向海绵注入充足水量

c)塑料薄膜包裹

d)拆塑料薄膜检查保水情况

图6-11　海绵土工布及塑料薄膜效果图

8. 钢绞线梳编束作业平台

钢绞线梳编束是预应力施工的基本要求,但实施过程中往往因采用纯人工梳编束效率低下,梳编束质量难以保证,进而影响预应力张拉效果。梳编束作业平台采用统一定型的工作平台,规范了钢绞线梳编束作业。

钢绞线梳编束作业平台具体实施过程为:钢绞线下料→穿过夹紧器→卷扬机梳编→紧固钢绞线→整齐堆放。通过对同一时间段不同钢绞线梳编束方法锚下应力检测对比可知,相比传统的钢绞线编束方法,采用梳编束方法同束、同断面锚下预应力均匀度明显提高。

此新工艺操作简单,投资少,降低了劳动强度,缩短了梳编时间,易被工班接受,解决了传统编束方法引起的同束钢绞线预应力不均等问题,该方法得到了市场的认可,具有极高的推广价值。钢绞线梳编束作业平台如图6-12所示。

a) 夹紧固定台1

b) 夹紧固定台2

c) 梳编器

d) 编束平台

图 6-12　钢绞线梳编束作业平台

9. 桥面整体化层"四机"联动施工工艺

"四机"联动是将振捣梁、全自动桁架式辊轴摊铺机、驾驶型抹光机、电动铣刨机组合的一种桥面整体化层施工工艺，在施工中将各机具在各个工序中良好的处理效果相结合，使得整体化层的整体质量大幅提高。实施过程如图 6-13 所示。

此工艺具有以下优势：

（1）"四机"联动工艺较传统工艺经济效益对比，与传统工艺相比每平方米节约 9.1 元。

（2）"四机"联动桥面铺装施工的混凝土表面无浮浆、裂缝，平整度比传统工艺施工效果较好，大桥整体化层平整度现场实测合格率达到 99%。

（3）联动桥面铺装可以实现机械化施工，节省人力且工人易于操作。施工进度快，减少了工程建设时长，降低了对地方的影响。

10. 正交异性钢桥面板 U 肋内焊技术

正交异性钢桥面板因局部轮载及结构细节应力集中影响，各类疲劳开裂问题突出，其中 U 肋与桥面板连接焊接接头处萌生的焊根裂纹及焊脚裂纹广受关注。该类裂纹一旦萌生，很可能向桥面板发展形成贯通裂纹，影响行车安全，且检测维护工作十分困难。

a)铣刨机刻槽

b)铣刨效果

c)钢筋网片及轨道安装

d)全自动桁架式辊轴摊铺机振动、摊铺、整平

图6-13　桥面整体化层"四机"联动实施效果图

桥面U肋加劲属于闭口形式,常规技术只能从外侧单面施焊,U肋腹板板厚较薄,要保证不烧穿又有足够的焊缝熔深并非易事。此外,即使实现了75%~85%的部分熔透焊,留下15%~25%的未熔合部分(1~2mm),当超载现象成为常态时,这1~2mm的未熔合部分应力集中,在车轮载荷反复作用下,面板与U肋焊缝处仍然容易产生疲劳裂纹。目前国内对于板厚8mm以上的U肋,要求焊缝熔透率80%以上,普遍还是选用两道焊工艺进行焊接,其焊缝根部相对不易烧穿,熔深也不容易得到有效控制。

为提高正交异性钢桥面板U肋与钢桥面板连接焊缝的疲劳耐久性,开发了正交异性钢桥面板U肋内焊技术,通过龙门焊接平台驱动连杆,将内焊机器人送入U肋内部同时进行内侧角焊缝的焊接。解决了U肋内焊设备、工艺、检测、返修等方面的关键技术,实现U肋内焊的可靠、优质、高效焊接。U肋内焊技术将U肋与钢桥面板之间的连接焊缝由单面角焊缝改变为双面角焊缝形式,从根本上改善U肋焊缝焊根处应力集中问题,避免从焊缝焊根处产生疲劳裂纹,同时大幅提高桥面板焊趾处疲劳性能。此外,结合U肋内焊技术,提出了U肋与横隔板交叉处新构造方案,以期全面提升正交异性钢桥面板疲劳耐久性,并有效解决了通车后钢箱梁 U 肋开裂通病,大幅提高钢箱梁顶板的疲劳性能及钢箱梁结构耐久性。机器人焊接如图 6-14 所示。

图 6-14　钢桥面板 U 肋机器人自动化内焊技术图

11. 涵洞墙身滑模(移动模板系统)施工工艺

涵洞是路基工程施工的重要组成部分,由于各个涵洞结构尺寸不尽相同,且一般多分段分节施工,这就导致了重复拆模和拼模的麻烦,降低了工作效率,浪费工时,增加了成本。

改装涵洞模板系统,包含模板系统(包含内外模)、承重及行走系统(包含门架下横梁及滚轮)、吊挂系统(包含上部主梁、滑块、扁担梁及吊杆等),该项工作由 1 人在控制台操作即可,方便、简单、快捷,提高了施工效率,节约时间和成本。涵洞墙身模板示意图如图 6-15 所示。

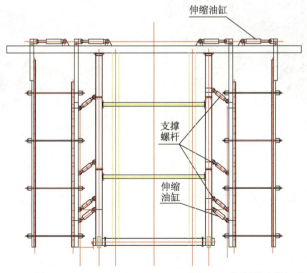

图 6-15　涵洞墙身模板示意图

12. 涵洞墙身无拉杆施工工艺

传统混凝土涵洞墙身施工模板系统普遍采用内外模板对拉方式加固，为保证混凝土表面平整度，在模板上安装加劲背肋后采用对拉拉杆模板局部变形或胀模。因拉杆安装误差及模板移动后需对模板重新定位安装，存在较大操作误差，造成涵身纵向线型不顺直，涵身竖直度难以控制，涵身因拉杆孔的设置存在混凝土结构缺陷和外观缺陷。为满足双标管理和精细化施工要求，结合以往施工经验，参照"隧道二衬台车"施工工艺，加工了整体式涵洞墙身施工台车系统，涵身混凝土施工外观质量、施工速度、施工安全防护等均较传统施工方式有明显提高。如图6-16所示，相比传统系统采用本系统的优点：

(1) 模板一次拼装，减少吊车台班、节约人工，降低了施工成本。

(2) 台车支架刚度较大，混凝土墙身纵向线型控制较为容易。

(3) 涵洞墙身下倒角、台帽部分一起成型，对墙身结构整体性较好。

(4) 减少拉杆孔的封锚、防水处理，节约拉杆使用费用和后续拉杆眼处理人工费用。

(5) 拉杆孔减少后，减少了墙身混凝土的结构缺陷，避免了墙身拉杆孔修饰可能造成的外观缺陷。

(6) 涵洞墙身施工速度较快，一天可以施工一段墙身，对于赶抢工期，节约施工管理成本有积极意义。

(7) 作业人员均在安全维护区域内作业，涵身施工安全风险大大降低。

图6-16 涵洞墙身无拉杆施工工艺

第三节 隧 道 工 程

1. 隧道中碎石加工生产线金属检测器

公路隧道施工开挖过程中的会产生大量洞渣，为减少弃渣对土地环境的影响，应充分利用洞渣加工生产碎石用于公路施工。然而隧道洞渣里混有施工过程中产生的各种金属杂物,如粗的钢筋头、槽钢、角铁、挖机牙齿等,这些金属杂物很难用人工或者机械完全挑拣出来,当出现有较大金属物进入圆锥破碎机或反击式破碎机后,后果是很严重的:一种情况是"破碎机"被卡死,造成设备的损坏停产;另一种情况是转动齿轮被打坏,齿轮更换麻烦,同时维修成本也较高,同时部分小的金属物混入成品材料内也会影响成品材料的质量。

碎石生产线的圆锥破碎机、反击式破碎机价格都很昂贵,是石料生产线的核心设备,正常的石料通过传送带进入该机后,石料即被粉碎,金属检测器就很好地解决这个问题,它可以将金属异物探测排除,以提高产品质量和确保设备的安全运行。碎石加工生产线金属检测器实施效果如图6-17所示。

图6-17　碎石加工生产线金属检测器实施效果

2. 全自动液压台车施工隧道水沟和电缆槽工艺

施工中隧道内的电缆槽横截面复杂,沟槽、平台较多,传统模板工艺施工电缆槽需分部施工,工序较多,电缆槽沟槽整体性较差,模板之间拼缝多,容易出现错台,容易造成电缆沟线性、电缆槽截面尺寸不好控制,且模板加固、模板拆除时间长,施工速度过慢等问题。同时在模板安装过程中一般使用装载机吊装或人工搬运,容易发生车辆伤害和物体打击伤害。

为克服上述难题,采用水沟电缆槽全自动液压台车,该台车采用整体12m模板构成,水沟电缆槽全自动液压台车主要由龙门架、轨道、电机、液压系统、两侧模板、液压杆、丝杆等。水沟电缆槽全自动液压台车解决了现有移动式水沟电缆槽模板台车模架行走困难,解决了现有自行式水沟电缆槽模板台车由于结构不合理存在电缆槽线型较差及解决现有自行式水沟电缆槽模板台车脱模拉伤混凝土面等问题,保证了施工质量和进度要求,隧道水沟和电缆槽工艺如图6-18所示。

a)电缆槽钢筋安装模板就位混凝土浇筑

b)电缆槽线形

图 6-18 隧道水沟和电缆槽工艺

3. 隧道小导管注浆自动封堵工艺

超前小导管是稳定开挖工作面的一种非常有效的辅助施工方法。在软弱及破碎岩层施工中,超前小导管对松散岩层起到加固作用,注浆后增强了松散、软弱围岩的稳定性,有利于完成开挖后与完成初期支护时间内围岩的稳定,不至于围岩失稳破坏直至坍塌。通过超前小导管注浆能改变围岩状况及稳定性,浆液注入软弱、松散地层或含水破碎围岩裂隙后,能与之紧密接触并凝固。浆液以充填、劈裂等方式,置换土颗粒间和岩石裂隙中的水分及空气后占据其位置,经过一定时间凝结,将原有的松散土颗粒或裂隙胶结成一个整体,形成一个新结构,强度大,防水性能良好的固结体,使得围岩松散破碎状况得到大幅度改善。但传统小导管注浆饱满密实一直是工程管理的难题。通过对传统工艺进行改进,增设止浆塞、止水阀,利用气压防止注浆管堵塞,保证能够重复利用。采用小导管注浆自动封堵工艺,保证管内浆液饱满、体积小使用方便、操作灵活节约时间和空间,而且压力足连续性好,不会形成"空管"现象。超前小导管注浆设备如 6-19 所示。

4. 隧道合页式二衬钢端模

传统工艺的三个缺点:

(1)传统木模工艺安装止水带采用 L 形钢筋夹具,夹具将止水带形状固定为"L"形,一侧紧贴木模,另一侧浇筑在混凝土衬砌中,拆除挡头模板后人工将止水带扳成"一"字形,止水带不能够精确定位,纵向偏位控制较差,且止水带安装不平顺。预留出端头的纵向钢筋对木模的拼装和止水带的安装有非常大的干扰,且施工中无法保证纵向筋的有效有序的分布,钢筋间距控制较差;端头混凝土表面由于模板加固受力不均匀,造成凹凸不平,易出现跑模甚至爆模,混凝土表面粗糙,不密实,蜂窝麻面较多。

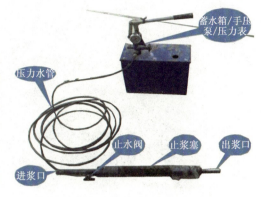

图 6-19　超前小导管注浆设备

(2)传统木模工艺即使用 5cm 厚 20cm 宽木板作为衬砌端模,一块块拼装而成,并用木楔固定,工效底,安装及加固时间较长。中埋式橡胶止水带采用 L 形钢筋夹具安装,夹具制作加工及安装固定需要耗费大量的人工和材料,止水带安装效率低。预留出端头的纵向钢筋需在木板上钻眼,对木模的拼装和止水带的安装有非常大的干扰,施工效率低。

(3)传统二衬端头止水带安装,模板加工安装固定需要 6 人,人工成本高;需要 L 形钢筋夹具安装止水带,每板二衬需 $\phi 8$ 钢筋 16kg,端模采用木板,损耗率高,易损坏,平均每 2~3 个月就得更换一次,材料成本高。

新型合页式二衬钢端模,由两块 L 形钢板组成,止水带夹在两块钢板间,并在端模上预留纵向钢筋连接孔,采用新型二衬端模可确保止水带安装平顺、端头混凝土浇筑密实、二衬纵向钢筋有效连接,消除二衬错台,有效解决隧道二衬施工缝处质量通病,加快了施工进度,降低了工程造价。隧道采用合页式二衬钢端模实施效果图如图 6-20 所示,传统的样式如图 6-21 所示。

5. 隧道监控量测自动化系统

隧道监控量测自动化系统是一种采用激光测距传感器、数据采集系统 V1.0、GPRS/GSM 网络电话卡(信号发送器)、蓄电池组合而成。测量原理是通过激光测距仪直接对初支进行监控,通过后台采集系统及软件调整检测频率(最低可 5min 测一次),通过现场自动采集数据后,在系统中将本隧道需监控量测报警级别输入后,现场自动监控,若监控累计数据或单个数据有异常后,自动报警,通过后台设置接收人电话号码,便可得到当日隧道洞内监控量测数据及报告情况。自动采集装置布控如图 6-22 所示。

图 6-20　隧道二衬使用合页式钢端模效果图

图 6-21　隧道二衬采用传统木模工艺端模效果图

图 6-22　自动采集装置布控

隧道监控量测自动化系统具有自动化程度高,可实现无人量测及数据自动分析;可靠、便捷、实效强,可长期使用;耐久性高,具有防水、防潮、防爆破性能,能在复杂环境下长期使用;安装快捷、监控量测工效高、监控精度高,基本上克服了人的主观误差。

确保了隧道监控量测的连续性及监控目的,能真正意义上确保数据反馈及时,起到及时监测及时反馈的功能。

第四节 路面工程

1. 沥青路面用滚筒加振筛水洗设备

沥青路面施工一般工期比较短且工程量比较大,而沥青原材料的备料仓不可能无限制的做得很大,势必存在施工过程中石料边洗边使用。这里矛盾的是沥青混合料有温度要求,经过水洗的碎石含水量很大,即使经过短时间晾晒区的晾晒,也只会使表面石料干燥,中间底部含水较大,在拌和过程中造成石料的加热温度忽高忽低,混合料温度不均匀甚至不合格,现场摊铺必然造成质量缺陷;另一方面由于石料含水率大,拌和楼生产时必须降低产能同时提高滚筒内燃油的油压,很不经济。

新工艺设备在水洗滚筒端头装一个大功率振动筛,在筒壁上开孔泄水,圆形滚筒里安装叶片,进出口喷水,利用叶片和碎石自重将碎石推送出去,同时在滚筒出口加装振动筛,上部加设清洗管路,水洗过后的石料进入振动筛,如图6-23所示。经过振动脱水,然后在晾晒区摊开晾晒,使上下部位含水量尽可能均匀,倒入备料仓存储使用。同时水洗用水采用六级沉淀池循环利用冲洗水,既环保又经济。

图6-23 沥青路面用滚筒加振筛水洗设备

2. 3D数字化自动控制系统路面摊铺施工技术

相比传统的道路路面摊铺工艺，3D数字化自动控制系统路面摊铺施工技术具有以下三个优势：

（1）提高施工精度：3D摊铺将传统挂线施工每隔5m或10m测量一个点的线段控制精确到间隔3~5cm测量一个点的点位控制，来提高施工测量精度；尤其在匝道、转弯半径较小的曲线路段以及加宽路段等，精度更高，优势更明显；降低测量放样、挂线等系统误差和人为误差，减少错误数据的产生；避免施工阶段施工车辆和施工作业人员等对挂线和铝合金导线的碰撞，减少人为干扰因素来提高施工精度，提高路面施工的平整度。

（2）减少施工成本：测量人员的劳动强度降低，平均省3名测量人员；摊铺机前不再需要挂线、架设铝合金和看传感器，减少5名配合工人；通过精准的控制各结构层的厚度，通过垫层进行调平后，降低底基层、基层等高等级材料费用的浪费。

（3）降低安全隐患：摊铺机前作业人员数量减少，对应机械伤害的危险源减少；精准控制摊铺的高程和横坡，减少运营期横坡渐变、平曲线较小等路段因施工横坡与设计的误差而存在的安全隐患。

3D数字化自动控制系统如图6-24所示。

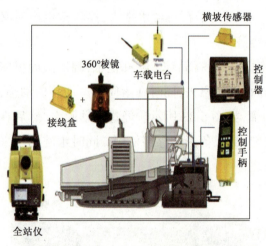

图6-24　3D数字化控制系统及施工摊铺流程图

3. 路面智能压实监控系统

1）传统工艺缺点

压实作业是沥青路面施工过程中最重要的工序之一，沥青路面的充分压实对于保证其结构强度，避免路面发生早期损坏，提高路面使用性能具有重要的意义。但是，目前沥青路面压实质量管控存在四大难题：压实工艺控制客观性不强；质量评价指标准确性欠缺;质量缺陷处理难度大;质量监控效率低下,管理成本虚高。

2)路面智能压实监控系统的优势

公路路面智能压实监控系统综合利用现代传感器、三星精确定位、物联网、移动通信等技术,构建了压实作业全过程中"人、机、场景"之间的无障碍连接,如图 6-25 所示,实现路面压实作业工序严格把关、压实过程智能管控、压实数据信息化应用三大功能,解决沥青路面压实作业全过程、全面监控的难题,变革和升级路面质量管控模式,节省管理成本,提高路面施工质量,延长路面使用寿命,降低路面后期维护成本。该系统最方便之处在于各参建单位人员可通过手机 App 实时查看沥青面层碾压结果,进行实时过程管控,确保路面碾压质量。手机 App 实时查询碾压结果如图 6-26 所示。

图 6-25　路面智能压实监控系统

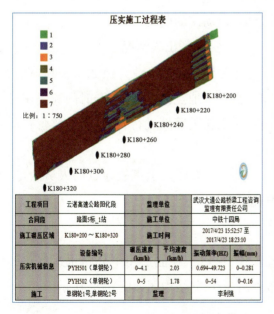
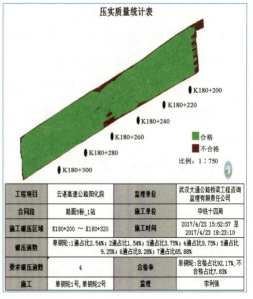

图 6-26　手机 App 实时查询碾压结果

第五节　交通工程及信息化管理

1. 人脸识别人员定位管理系统

人脸识别系统包括图像摄取、人脸定位、图像预处理以及人脸识别(身份确认或者身份查找)。系统输入一张或者一系列含有未确定身份的人脸图像,以及人脸数据库中的若干已知身份的人脸图像或者相应的编码,而输出则是一系列相似度得分,表明待识别的人脸的身份。人脸识别系统的采集和识别过程如图6-27所示。

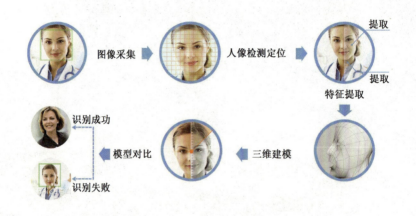

图6-27　人脸信息采集过程

通过人脸识别系统的采用,对安全管理起到实时动态的监测。

(1)精准控制作业人员进出,有效防止非作业人员随意出入情况。

(2)洞内作业人员实时动态显示:任一时间洞内某个地点作业人员数量和具体信息;查询一个或多个人员的洞内实际位置;记录作业在任一地点的到达、离开时间和工作时间等一系列信息,可以督促和落实管理人员是否按时在相关区域进行管控,有效监督各类人员值班情况。

(3)准确提升灾后救援信息。一旦发生各类事故,立即显示事故地点的人员数量、人员信息、人员位置,大大提高抢险效率和救护效果。

2. 手机App隐患排查

基于快速、高效、系统开展隐患排查治理工作,采用一种能适用于公路水运在建工程项目安全隐患闭环管控的手机隐患排查App,其平台功能结构图如图6-28所示。

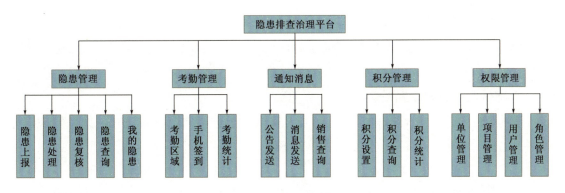

图 6-28　平台功能结构图

该 App 聚焦生产作业层、安全管理层岗位职责分解,达到隐患处理全员参与、信息流转迅速、处理解决即时的目标;隐患处理痕迹随时可查、隐患分析数据化、安全管理移动化;随时上报隐患信息,快速处理上报隐患,相关隐患智能收纳的优良安全隐患排查治理方法。最终实现事故隐患治理信息化、闭环化、清单化,动态可追溯管理。基于手机 App 的安全管理措施达到了以下 7 个方面的优势效果,其中隐患排查及处理的案例如图 6-29 所示。

a)隐患上报　　　　　　　b)隐患排查　　　　　　　c)隐患处理

图 6-29　隐患追溯到解决

1)隐患排查方便、快捷

利用手机为载体,随时随地进行安全隐患排查、上传、复核。将安全隐患排查情况上传,并转发给相关整改负责人,整改负责人可以及时收到安全隐患排查情况,根据隐患排

查情况进行整改落实。

2）有效促进岗位安全职责落实

将各级安全管理人员及工程技术人员列入手机隐患排查 App 使用名单中，建立个人账号，制定管理办法规定相关人员的安全隐患排查频率，促进岗位安全职责落实。

3）随时跟踪整改情况

安全隐患排查人员能在手机上及时查看安全隐患整改情况，跟踪整改；如果发现隐患未整改，能及时再次督促整改负责人落实整改。

4）整改闭合方便

安全隐患排查人员可根据整改负责人上传的整改图片提前对整改的情况进行初步了解，安全隐患排查人员复查后可在手机隐患排查 App 里复核，也可以到现场进行复核。

5）隐患排查治理资料归档及时、方便

自动生成安全隐患排查表，在安全隐患整改复核后，使用电脑直接对安全隐患排查表进行打印归档，不需要相关人员手动签名确认。

6）安全隐患排查情况真实

能利用手机定位确认安全隐患排查人员的现场位置，保证安全隐患排查工作的真实性。

7）提高全员安全意识

由于参与安全隐患排查的人员较多，能逐步提高全员安全思想意识，形成全员参与、齐抓共管，营造安全生产良好的氛围。

3. 大跨径架梁架桥机监测系统

在传统的架梁工作中，很多架桥机在重复使用过程中会出现不良工作状态，由于缺乏有效的不良运行状态预警机制导致架桥机事故频频发生。为避免事故，架桥机监测气筒运用现代信息监控技术，通过对架桥机运行状态监控，实现操作安全、危险临界报警、现场实时显示和数据记录保存的功能，从本质安全角度控制生产安全事故的发生。

信息化监测系统主要由工控机、各传感器（起重传感器、行程传感器、倾斜传感器、水平传感器等）、风速仪、摄像头构成，监控系统的物理架构如图 6-30 所示。为做好架梁施工过程中架桥机状态监控，采取现场安装监测系统实施观测的措施。采用中央智能采集控制系统集中收集各个关键机构的状态数据，由中央处理器统一统计计算、存储、分析，为驾驶员和管理部门提供直观的定制界面，智能报警第一时间得到各项不通的警告信息保证起重机的运转安全性和稳定性。实时掌握卷扬机及旋转减速机、单钩起重和累计起重量、运行行程、支腿垂直监测、大梁水平度监测、吊装区的视频图像监控等信息。大跨径架梁架桥机监测系统如图6-31所示。

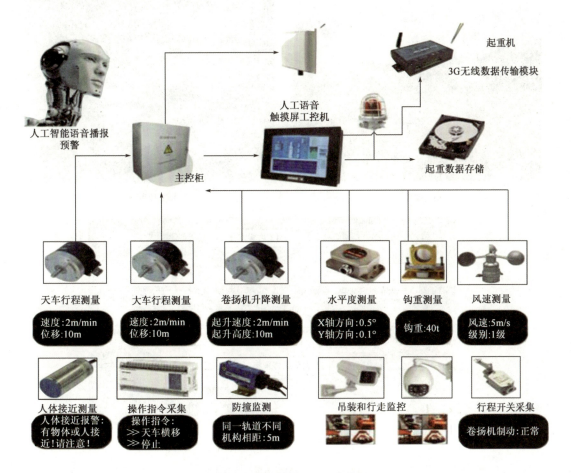

图6-30 监控系统的物理架构图

4. 基于物联网技术的智慧施工平台互联网+智能管理平台

相比传统的管理模式,基于物联网技术的智慧施工平台互联网+智能管理平台有如下四个创新优势:

(1)统一遵循国家技术标准规范,融合TCP/IP网络、无线通信、数据库及计算机网络安全等前沿技术,以局域网、Internet网络和无线通信技术为依托,以一线现场为综合业务信息的数据采集点,采集系统配合配料状态监控终端、料重测量终端和温度测量终端,把配料状态、配料重量、配料温度等信息采集送到监管中心,进行统一管理,实时监控,统计分析。

(2)通过GPRS无线传输方式对混凝土拌和站及沥青拌和站生产中各料仓所用原材料、生产指标实时采集上传。

a)摄像头

b)工控机

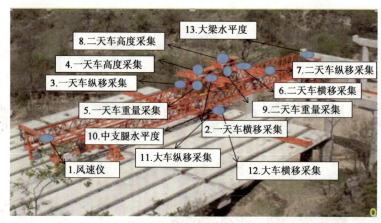
c)传感器布置图

图6-31　大跨径架梁架桥机监测系统

（3）通过对道路路基路面压实进行监控，解决公路路基路面压实作业过程中压路机实时数据采集、压实遍数统计、压实区域统计以及作业质量评估的问题，提高评估准确性、通用性和兼容性，支持对跨平台部署和交互，使人机有效交互，管理者及时有效控制压实工作质量。

（4）本系统将终端数据沥青混合料生产数据、试验室设备数据、路基压实数据。智能张拉数据通过"无线接入+有线传输"方式传到项目数据中心的服务器中；通过本系统对各类业务数据进行数理统计、汇总、分析，业主、总监办等主管领导可以分权限基于Internet网络登录系统，查询监控部位的实时数据，从而全方位达到动态监控的目的。

基于物联网技术的智慧施工平台互联网+智能管理平台主要包含对水泥混凝土拌和站、公路工程试验室的设备联网，并集成了路面动态压实数据和智能张拉压浆数据上传及监控，如图6-32所示。

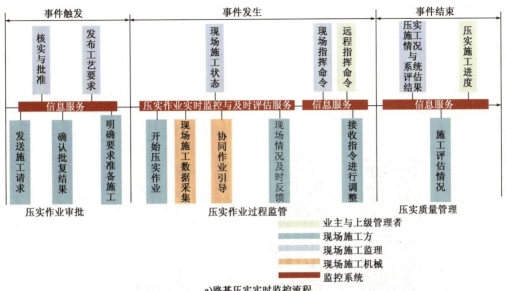

a) 路基压实实时监控流程

b) 路基压实实时监控实景

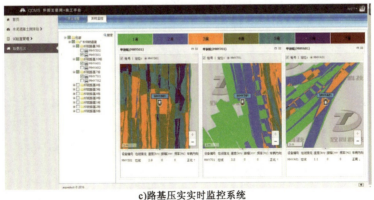

c) 路基压实实时监控系统

图 6-32　路基压实实时监控系统综合应用

5. 材料二维码识别系统

扫描料仓标示牌下方二维码,可识别料仓材料型号、进场材料指标、使用结构部位、材料筛分、使用结构层配合比等信息。

工艺流程：互联网+服务平台→后台基础信息录入→二维码生成→二维码打印→二维码标牌制作与安装→原材料进场及检测→原材料报验审核→信息后台更新→扫二维码实时查询。

现场所有原材料进场后，统一悬挂标识牌，标识牌内附二维码，扫描显示原材料厂家、规格、型号、合格证编号以及是否送检、是否可以使用等信息，原材料信息公开透明，现场材料使用一目了然。材料二维码识别系统实施效果如图6-33所示。

图6-33 材料二维码系统

6. 旋翼式无人机土石方测量施工工艺

通过无人机采集高清影像数据，并使用专业数据处理软件对其进行处理，生成加密点云，实现至少1cm一个高程数据，准确模拟地形，基于三维加密点云进行土石方量测，理论误差较传统方式明显减小。其工艺流程如下：像控点布设→控点测量→航线设计→航摄作业→数据处理→质量评估→土石方计算。实施效果如图6-34所示。相比传统工艺，无人机搞测量有以下三个方面的优势：

（1）传统土石方量测需测量人员使用GPS RTK，每隔10m测量一个三维坐标点，总面积约300亩（10万 m^2），2名测量人员完成测区高程测量约需1个工作日（仅包括主线区域）。而由2人组成的无人机数据采集小组，使用无人机高精度航测技术完成全测区的数据采集只需半个工作日，作业效率较传统方式有显著提升。

（2）传统土石方量测使用GPS RTK测量技术，高程误差约为2cm，每隔10m进行采样测量，以点代面，不能准确反映地表起伏情况，特别是复杂地形。通过无人机采集高清影像数据，并使用专业数据处理软件对其进行处理，可生成加密点云，实现至少1cm一个高程点，对地表起伏进行精准锁定，基于三维加密点云进行土石方量测，理论误差较传统方式明显减小。

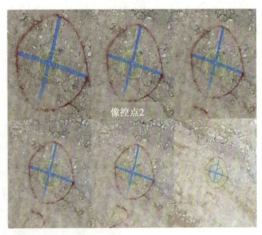

a)控制点坐标测量

b)正摄影像

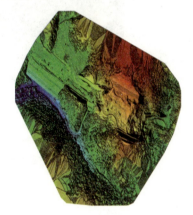

c)DEM模型

图6-34 无人机测量

(3)与传统大型飞机摄影测量相比,使用旋翼无人机搭载高清相机进行影像数据采集,飞行前准备工作少,对起降场地要求不高,超低空飞行,不受云层影响,费用低。而且影像资料便于存查,能对工程进度和质量进行可视化追溯,亦可以作为宣传素材使用。

7. 智慧收费亭

智慧亭采用一体化设计,所有部件和设备均内嵌入亭体,有机结合形成一个整体;所有部件和设备应采用模块化设计;智慧亭安装中央总控模块,是智慧车道的综合智能感知节点,可实现对收费设备状态、智慧亭各模块工作状态以及车道环境状态等的监测和控制,并配套专用软件在管理中心能够对所有收费亭内数据信息状态实现远程监测及管理;收费桌面实现一体化,简约化收费桌面。采用可翻转桌面及工作台,方便检修与后期维护、亭内安装带负离子的空气净化过滤系统;采用高效冷暖中央空调,天花板安装出风口、回风口,亭内无壁挂主机;门窗可自动/手动控制模式,采用IC卡门禁系统,收费窗口安装自动风幕防尾气系统;采用航空式一体化 LED 照明;采用环境监控系统,可实时监测空气质量、温湿度、噪声等;配套净化噪声消音装置;智慧亭前部上方留置安装全彩户外广告屏的空间。

智慧收费亭集成性比较高,一体化成型,对收费系统比较方便,可在各种场合适用,效果如图 6-35 所示。

图 6-35　智慧收费亭正面效果图

第七章

展望

一、南粤品质工程可持续创新发展愿景

勇于突破、敢为人先、志存高远、科技报国、融合包容、持续创新作为省南粤交通公司发展、打造品质工程的灵魂。通过"南粤品质工程"创建活动,以推进设计理念、现场管理、路域景观、服务能力四方面提升为重点,在公司所属各高速公路建设项目中营造氛围,扎实推进。力争到2020年底,建成一批经得起时间和实践检验的品质工程示范项目,力争形成一套可复制、可推广的典型经验与做法,讲好品质工程和现代工匠故事,努力打造"南粤品质工程",争做广东省交通运输行业典范,为全国交通行业发展提供新思路。

二、行业品质工程五大创新思维

新时代,品质工程理念的提出体现了行业发展的需求,昭示了行业发展的进步,同时也把推陈出新、摒除诟病,解放思想推向新高度。行业品质工程的打造需要改革,需要创新,更需要新思维,新思维决定了战略高度。根据建设和提升的过程,将新思维总结出以下五个方面:

(1)培育品质工程建设理念:建设理念是"品质工程"的先导,要形成新共识。

(2)推进设计理念提升行动:勘察设计是"品质工程"的源头,要体现新理念。

(3)推进现场管理提升行动:现场施工是"品质工程"的保证,要达到新水平。

(4)推进路域景观提升行动:路域景观是"品质工程"的呈现,要展示新面貌。

(5)推进服务能力提升行动:服务能力是"品质工程"的延伸,要达到新高度。

三、品质工程创建的三大期待

品质工程果断的提出和创建是行业发展智慧的结晶,随着品质工程纵深发展,从远处讲,行业管理者和共同参建者对品质工程的创建都有着更高的期待。

1. 期待之一

(1)工程科技创新方面。要注重标准化建设、技术创新、机器换人、信息化建设"四项措施"。一是标准化建设。大力推动设计标准化、管理标准化、工地标准化、工艺标准化,形成从设计、施工到营运、管养的一系列标准化建设管理体系。二是技术创新。近年来,我国在这方面取得了一些重大突破,比如跨海大桥成套施工技术、深厚软土地基处理、软弱围岩及长大隧道工程施工等。今后,主攻方向是"四新",即新工艺、新材料、新技术和新设备。三是机器换人。实施机器换人,就是要以现代化、自动化装备提升传统产业。要在

广泛应用自动钢筋加工设备、湿喷机械手等现代化机械的基础上,通过机器换人提升施工效率,有效避免因大规模人力施工而带来的安全隐患。四是信息化建设。发挥信息化管理效率高、成本低等优势,继续紧盯信息技术前沿,完善相应管理系统,提高工程项目的信息化覆盖率和使用度。

(2)大力实施创新驱动发展战略,将把科技创新摆在打造交通运输品质工程的突出位置,努力提高交通工程科技含金量。一是发挥政府部门主导作用。把握交通运输科技创新发展方向,深化科技体制改革,营造良好的创新环境。积极推广应用新技术、新材料、新设备、新工艺,增加交通科技创新有效供给,引导社会科技资源进行有效配置。二是发挥企业主体作用。完善企业主导产业技术创新的体制机制,充分调动企业开展创新的主动性和创造性,坚持问题导向,解决施工技术难题,尤其是在桥隧高边坡工程施工管理、隧道机械化施工、路面智能化施工等方面,力争取得新突破。三是发挥科研机构、高等院校的主力军作用。坚持政府主导与市场机制相结合,围绕现代交通运输发展需求,进一步整合研发资源,加强产学研合作,提高科研成果转化率,充分释放高校和科研院所的创新活力。

2. 期待之二

(1)针对公路水运工程的特点,打造"品质工程",在实践途径上可能还需要分环节,因为从设计到建设过程,再到运营使用和养护,是一个全寿命周期,每个环节的功能要求不同、工程特点不同,有不同的任务,面临不同的问题与"短板"。在追求品质的时候,还需有相应的技术路径,这就只能依靠创新。首先是理念、理论和管理的创新,其次是材料、工艺、装备和技术的创新。既要重视原始创新,从应用上看更要针对存在问题注重集成创新。这也是转变发展方式的内在要求。

(2)世界范围内正在掀起新一轮以信息技术、生物技术、新材料技术为核心的技术革命浪潮,智能化、数字化、精细化、低碳化等趋势在生产生活中如影随形。人们迫切期望将新技术融入交通基础设施建设中,享受技术革命带来的更多服务。

(3)施工新技术、新设备的使用。先进的施工装备是工程质量的硬件保证。近年来,随着数控钢筋加工设备的推广,钢筋保护层厚度等指标有了明显的提高。因此,要积极研究、推广施工新技术、新设备,包括成套成系列的自动化的施工机械设备,成套成系列的定型式装备式的施工防护设施,以及实时的现场监控手段等。这些措施既可提高施工控制精度,也可减少一线施工人员,有利于工程的质量安全管理。要从行业转型发展、"机器换人"的角度来认识新技术、新设备的推广应用。

3. 期待之三

(1)要继续加大科技投入,面向世界科技前沿、国家重大战略需求和企业高端发展需求,重点实施涉及战略性、前瞻性、全局性的重大关键技术课题研发。积极开展万众创新,

鼓励施工班组和一线人员开展工艺、设备、工法、管理等"微创新"。优化创新平台布局,积极推进海外创新平台建设。探索建立全产业链继承与创新体系,建立并完善技术创新成果转化机制,加强科技创新成果与产业化的融合,推进科技创新对产业向高端发展的引领和带动作用。

厚植"品质文化"。企业是树,人才是细胞,文化是根。要坚持人才优先发展战略,建设"适应性"人才队伍;坚持分类指导,有针对性制订培训措施;坚持以用为本,为各类人才干事创业和实现价值提供机会和条件;坚持创新机制,深化企业管理人员能上能下、员工能进能出、收入能增能减三项制度改革,重点推进职业经理人市场化招聘、任期制和契约化管理。

(2)从大的层面讲,需要逐步建立一个行业层面上的全面有效的运行体系,促进工程品质的全面提升,培育出品质工程生长的土壤,而不是对单一项目进行呵护形成个别的品质工程样板。体系建设包括的内容很多,如管理体系的建设,要形成一套有利于工程品质提升的管理体系;创新机制的建设也非常重要,要形成合理有效的技术创新激励机制;要建设规范市场竞争体系,恶性竞争直接导致不合理的前提条件,很难产生品质好的工程。在当前条件下,尤其要重视不同投资运营管理模式项目的工程建设机制。